KB146789

알아두면 쓸모 있는

세무사
사용 메뉴얼

알아두면 쓸모 있는

세무사
사용 메뉴얼

초판 1쇄 발행 2023년 7월 30일

지은이   텍스코디 최용규
발행인   곽철식

디자인   박영정
마케팅   박미애
펴낸곳   다온북스
인쇄   영신사

출판등록   2011년 8월 18일 제311-2011-44호
주소   서울시 마포구 토정로 222, 한국출판콘텐츠센터 313호
전화   02-332-4972   팩스 02-332-4872
전자우편   daonb@naver.com

ISBN 979-11-93035-09-2   (13320)

• 이 책은 저작권법에 따라 보호받는 저작물이므로 무단 전재와 무단 복제를 금하며,
  이 책의 내용의 전부 또는 일부를 사용하려면 반드시 저작권자와 다온북스의 서면 동의를 받아야 합니다.
• 잘못되거나 파손된 책은 구입한 서점에서 교환해 드립니다.

• 다온북스는 독자 여러분의 아이디어와 원고 투고를 기다리고 있습니다.
  책으로 만들고자 하는 기획이나 원고가 있다면, 언제든 다온북스의 문을 두드려 주세요.

알아두면 쓸모 있는

세무사
사용 메뉴얼

최용규(택스코디) 지음

다온북스

"아무것도 모른 채 그냥 맡기기만 해서, 세금이 줄어들까?
절세의 핵심은 알고 부리는 것이다!"

면세사업을 하고 있으면서도 몰라서 과세사업자로 사업자등록을 하고 부가가치세를 내는 사장님, 소득세 신고를 기준경비율 대상인데 단순경비율 대상자로 알고 신고해서 엄청난 세금을 추가로 내는 프리랜서, 직장을 다니면서 부업으로 일한 사업소득이 동시에 발생했는데 종합소득세 신고를 하지 않아 과세예고통지를 받은 직장인. 이 모두가 세금에 대한 기본적인 상식만 있었어도 세금으로 인한 손해는 보지 않았을 사람들입니다.

주목할 건 이런 비슷한 일들이 누구에게나 반복적으로 계속해서 발생한다는 사실입니다. 왜 이런 문제들이 계속해서 생기는 걸까요?

이렇게 세금 때문에 고생하는 사람들을 보면서 절세의 핵심은 '얼마나 많은 세법 지식을 알고 있는가'가 아니라 '언제' 세무사를 써야 하는지, 또 제대로 된 세무사를 찾는 방법은 무엇인지, 그러기 위해서 납세자인 우리는 무엇을 해야 하는지를 적었습니다.

출근하며 자동차에 기름을 넣고 주유비를 지급하면 교통에너지환경세, 교육세, 부가가치세가 발생하고, 자동차를 소유하고 있으니 매년 자동차세도 내야 합니다. 그리고 월급을 받을 때는 근로소득세, 지방소득세와 4대 보험료를 공제하고 받습니다. 아르바이트해서 받는 부수입에서는 사업소득 원천세와 지방소득세가 발생합니다. 야식으로 먹는 치맥에는 부가가치세와 주세가 발생하고, 전기요금, 도시가스요금, 케이블TV 시청료에는 부가가치세가 부과됩니다. 대한민국에서 살아가면서 부담하는 세금은 평균적으로 총수입의 20~30% 정도 차지한다는 통계 결과도 있습니다.

이렇게 많은 세금 중에 절세하는 방법을 여러분은 얼마나 알고 있나요? 우리는 모르지만, 세무사는 잘 알고 있습니다. 따라서 세무대리인을 잘만 활용하면 세금을 확 줄일 수 있습니다. 이 말을 하려고, 이 책을 집필했습니다.

세법은 범위가 넓고 분량이 방대하며 어려워서 일반인들이 책만 보고 습득하기 어려운 게 사실입니다. 설사 세법 지식을 습득했다 하더라도 세무 실무 경험도 없는 납세자가 이걸 현실에 적용한다는 건 상당히 위험할 수 있습니다.

일반인뿐만 아니라 사업을 시작하려는 사람, 사업을 하는 사람, 세금 문제로 마음고생을 해본 사람, 이제 사회생활을 시작하려는 사람 등 대한민국에서 세금으로부터 조금이라도 자유로워지기를 원한다면 택스코디가 쓴 바로 이 책, 〈세무사 사용 메뉴얼〉에 주목합시다.

서점에 가보면 절세에 관한 좋은 책들이 많이 보입니다. 대부분은 세금을 줄이는 방법을 안내하는 내용이고, 책만 읽으면 일반인도 모두 절세할 수 있을 것처럼 말합니다. 하지만 그런 책은 오히려 세무사가 읽어야 큰 도움이 될 것 같습니다. 일반인이 그런 책을 읽으면 며칠 지나서 다 잊어버리기 십상팔구입니다. 언급하는 세법 용어 자체가 생소하고 어려워서 기억하기가 쉽지 않기 때문입니다. 설사 내용을 알고 있더라도 실제 본인의 실생활에 언제 어떻게 적용을 해야 할지를 모르는 경우가 많고, 결국은 세무대리인을 찾아가서 의뢰할 수밖에 없는 현실입니다. 그래서 절세를 위한 지식 전달이 아닌 차라리 좋은 세무대리인 고르는 법을 안내해주는 책을 쓰기로 했습니다. 그게 현실적으로 더 도움이 된다고 생각했기 때문입니다.

저는 작가로 살기 이전에 약 20년간 사업가로 살았습니다. 그 덕분에 사업주가 세금 때문에 겪는 고민을 경험으로 알고 있고, 내게 맞는 해법을 제시해 주는 세무사를 찾는 법을 알게 되었습니다.

단지 기장수수료를 깎아 달라고 조르는 것보다 책에서 제시하는 '세무사 사용 메뉴얼'을 잘 숙지하고 활용해 절세하는 것이 훨씬 큰 이익입니다. 이 책을 읽고 나면, 어떤 세무사가 나를 위한 좋은 전문가인지 구별할 수 있는 안목이 생길 것입니다. 또, 그들을 잘 활용해서 세금을 확 줄이길 희망합니다.

2023년 7월

3. 알아두면 쓸모 있는 세무사 사용 메뉴얼, 부동산

4. 알아두면 쓸모 있는 세무사 사용 메뉴얼, 상속 · 증여

5. 알아두면 쓸모 있는 세무사 사용 메뉴얼, 좋은 세무사 선택과 활용

권말부록,
알아두면 잘난척하기 딱 좋은 세금 잡학사전

알아두면 쓸모 있는
세무사 사용 메뉴얼,
세무사의 하소연

세무사 일 년은
이렇게 흘러간다

"난 경리가 아닌데 고작 한 달에 10만 원 주고 경리 부리듯이 대한다. 무언가를 물어보는데 두서가 없다. 아니 답을 할 수가 없는 질문이다. 질문하더라도 기본은 좀 알고 하면 답이라도 줄 텐데. 그렇다고 가르칠 수도 없는 노릇이다.

부가가치세 신고 기간이라 신고대행 문의가 많이 들어온다. 기간 동안 지출한 카드사용 내역을 몽땅 내 눈앞에 와르르 쏟고 멀뚱히 쳐다본다. 이건 뭐 얼핏 봐도 공제보다 불공제가 대다수다. 거래처 신고하기에도 벅찬데 이걸 다 추리는 건 지금은 불가능이다. 그냥 막무가내다. '다른 곳에 알아보세요.'라는 말이 목구멍까지 차오른다. 그런데 더 기가 차는 건 '5만 원이면 되죠.' 이런다.

주위에 회계사무실은 계속 늘어난다. 수수료는 10년 전 가격이나 똑같다. 아니 더 내려갔다. 이 일을 계속해야 하나."

어느 세무사의 하소연입니다. 지피지기면 백전백승이라고 합니다. 세무대리인을 고용하더라도 그들이 어떤 일을 하는지, 또 무슨 생각을 하는지를 알면 도움이 됩니다. 먼저 그들이 1년 동안 하는 일부터 살펴봅시다.

세무대리인에게 매월 지급하는 비용(통상 기장료라고 부릅니다)은 보통 10만 원에서 30만 원 정도입니다. 이 돈을 지급하면 그들에게 어떤 서비스를 받을 수 있을까요? 회계사무실마다 조금씩 다르겠지만, 일반적으로 제공하는 세무기장 서비스의 월별 스케줄은 다음과 같습니다.

월별 세무일정	
상시 업무	대표자 및 담당자 상시 Q&A 4대보험 취득 및 상실 신고 민원서류(소득금액증명원 등) 발급 대행
매월 공통	원천세 신고 일용근로자 근로내용 확인신고 일용근로소득 지급명세서 제출 급여대장 작성(4대보험 공제액 및 원천세 반영) 급여명세서 발송 사업소득 간이지급명세서 제출 세금계산서 관리 및 장부 기록 기타증빙(신용카드, 현금영수증 등) 관리 및 장부 기록
1월	부가가치세 신고 (2기 확정) 신용카드 사용분 분류 및 공제액 확정 통장거래내역 분석 및 입력 근로소득 간이지급명세서 제출

2월	근로자 연말정산 면세사업자 사업장현황신고 이자 · 배당 · 기타소득 지급명세서 제출
3월	세무조정 및 법인세 신고 법인세 결산 미팅 사업 · 근로 · 퇴직소득 지급명세서 제출 4대보험 보수총액 신고
4월	부가가치세 신고 (1기 예정) 신용카드 사용분 분류 및 공제액 확정 통장거래내역 분석 및 입력 근로소득 간이지급명세서 제출
5월	종합소득세 신고 (개인사업자와 근로 외 소득이 있는 개인)
6월	성실신고확인대상자 종합소득세 신고 (개인사업자)
7월	부가가치세 신고 (1기 확정) 신용카드 사용분 분류 및 공제액 확정 통장거래내역 분석 및 입력 근로소득 간이지급명세서 제출
8월	법인세 중간예납 신고
9월	상반기 가결산 및 결산 미팅
10월	부가가치세 신고 (2기 예정) 신용카드 사용분 분류 및 공제액 확정 통장거래내역 분석 및 입력 근로소득 간이지급명세서 제출
11월	종합소득세 중간예납 신고 (개인사업자)
12월	법인세 가결산 및 결산 미팅

대표 혹은 직원이 위 표와 같은 업무를 직접 해도 됩니다. 그러면 세무기장료를 아낄 수도 있습니다. 대신 일정을 빠뜨리지 않도록 달력에 꼼꼼히 챙기고 매년 바뀌는 세법도 계속해서 업데이트해야 합니다. (물론 시간을 들여 공부해서 못해낼 수준의 난이도는 아닙니다.)

⊘ 알아두면 쓸모 있는 세금 용어, <마을세무사>

• 마을세무사 – 세무사들이 재능기부를 통해 세무 상담 등 서비스를 제공하는 제도로 지방세 불복청구를 무료로 지원하는 제도를 마을세무사라고 합니다. 서울시와 대구시에서 운영되었다가 현재는 많은 도시에서 시행하고 있습니다.
인터넷에서 마을세무사로 검색하면 행정자치부 홈페이지 (www.moi.go.kr)의 '업무안내 → 지방재정경제실'에서 확인할 수 있습니다.

참고로 세금 문제를 문의할 수 있는 관공서는 생각보다 많습니다. 국세청 법규과, 국세청 세목소관 담당과, 행정자치부, 지방세의 경우에는 해당 시, 군, 구청 담당자에게 문의할 수도 있습니다.
강조하지만 사전에 관련 지식은 어느 정도 숙지해서 전문가와 적극적으로 상담을 해야 합니다. 그래야 제대로 된 질문을 할 수 있고 원하는 답을 찾을 수 있습니다. 그리고 세금에 대해서 만큼은 결정을 내리기 전에 반드시 세테크 계획을 잘 세워 후회할 일이 생기지 않기를 당부합니다.

회계사무실 구조는
어떨까?

　　회계사무실에서 근무하는 직원들은 '3대 세법'이라는 표현을 자주 씁니다. '3대 세법'이란 부가가치세, 소득세, 법인세를 말합니다. 이 '3대 세법'을 사업자를 대신해서 일정한 수수료를 받고 세금 신고를 대행해 주는 곳이 바로 회계사무실입니다. 회계사무실에서 일하는 직원은 다음과 같이 말합니다.

　　"처음 입사한 직원의 연봉은 2,500만 원 정도야. 생각보다 박봉이지. 그런데도 회계사무실에 취업하는 이유는 3년 이상 근무한 경력이면 추후 일반기업체의 관리자급으로도 충분히 이직 가능해서 박봉임에도 입사를 하는 거지.

　　1월은 부가세신고, 2월은 연말정산 관련, 3월은 법인세 마감, 4월은 조금 여유가 있어서 3일에서 5일 정도 휴가를 주기도 해. 다시 5월이 되면 종합소득세 신고로 야근은 기본이지. 또 6월은 아주 한가해져서 일주일 정도 휴가를 받기도 해. 다시 7월이 되면 부가세신고로 바빠지고, 또 8월과 9월은 아주 아주 한가해. 10월은 부가세 예정신고로 25일 전후 며칠만 조금 바빠지지. 그리고 11과 12월은 아주 한가해. 1년 중 6개월은 퇴근 시간도 없이 정말 열심히 일하고, 나머지 6개월은 고생한 달의 보상이라고 할까.

우리는 회계사무실을 '기장공장'이라고 표현하지. 또 '가라경비'라는 단어를 제일 많이 써."

회계사무실은 기본적으로 세무사, 실장 또는 사무장, 직원으로 구성되어 있습니다. 대표 세무사 아래에 근무 세무사가 있는 곳도 있고, 사무실 내부관리를 대부분 실장 또는 사무장이 하는 곳도 있습니다.

직원들은 업체에 대한 세무기장을 주로 하고, 세무사는 세금신고를 하기 전에 업체에 대한 결제, 세무 컨설팅, 재산세제 등 다양한 일을 합니다. 구성원들 각자가 맡은 업무와 역할이 있습니다. 그래서 세무기장을 의뢰해서 일을 시작하는 단계라면 세무사 사무실에 전화해서 사사건건 세무사만 찾을 필요는 없습니다. 오히려 세부 업무는 담당 직원이 더 잘 아는 경우가 많기 때문입니다. 세무사는 또 이렇게도 푸념합니다.

"양도소득세 상담이나 상속 증여세 상담을 하다 보면 소유권이 전등기까지 세무사가 해주느냐고 물어보는 사람들이 간혹 있어요. 등기업무를 주업으로 하는 사람은 법무사입니다. 소방관이 하는 일과 경찰관이 하는 업무는 자세하게 알 필요는 없지만, 상식적으로 어느 정도 알 필요가 있는 것처럼 세무사와 법무사의 업무영역도 기본적인 부분은 알아둘 필요가 있죠."

세무대리 업무를 하는 전문직이 세무사만 있는 건 아닙니다. 세무사뿐만 아니라 법정 요건을 갖춘 회계사, 변호사도 세무대리 업무를 행할 수 있습니다.

업무를 잘하는 사람은 특정분야에 대한 경험과 지식이 풍부한 사람일 것입니다. 당연한 말이지만, 세무 업무에 대한 문제해결 능력은 세무사가 뛰어나고, 조세소송 쪽은 조세소송만을 전문적으로 하는 변호사가 뛰어납니다.

실력 없는 세무사도 있고 공부 안 하는 세무사도 있고, 서비스 수준이 형편없는 세무사도 있으므로 세무사라고 다 같은 세무사는 아닙니다. 사업의 동반자로서 1년 동안 가장 많이 소통해야 하는 전문가가 세무사이므로 좋은 파트너를 찾듯 능력 있는 세무대리인을 찾아야 합니다. 이 책을 통해 그런 안목을 키우길 바랍니다.

⊘ 알아두면 쓸모 있는 세금 용어, <세무사의 특별한 서비스>

• 대출 시 필요한 재무제표 작성

대출을 받을 때 은행에서 재무상태표, 손익계산서 등 재무제표를 요구할 수 있습니다. 이럴 때는 급하게라도 재무제표를 만들고 세무사 확인을 받아서 제출하면 대출증빙서류로서 인정받을 수 있습니다. 대출금을 갱신할 때 필요한 경우가 많아서 재무제표가 없다고 포기하지 말고, 가까운 세무사 사무실을 찾으면 간단히 해결할 수 있습니다.

매년 바뀌는 세법, 이게 문제다

세법은 어렵습니다. 또 자주 변합니다. 그래서 더 위험합니다. 그런데 그런 위험을 모르면 내가 아는 내용만으로 직접 신고합니다. 그러다 나중에 세무서에서 보낸 안내문을 받고 나서야 그 위험성을 실감하는 사람들이 많습니다.

세법은 매년 바뀌고, 개정된 세법을 매년 공표합니다. 대통령 선거, 국회의원 선거, 경기불황, 경기호황, 정책적 변화, 그 밖의 경제적 사건 등 크고 작은 이벤트가 있을 때는 더 많이 바뀝니다. 경제 주체들의 이해관계와 국가 재정적 목표, 정책적 목표가 경제적 흐름과 시대적 흐름에 따라 변하기 때문에 거기에 맞춰 세법은 변할 수밖에 없습니다. 이런 세법의 변화를 납세자들이 따라간다는 건 매우 어렵고, 또 그렇게 하는 것도 비효율적입니다.

"세법 특성상 자주 바뀌고 복잡한 것을 이해한다 치더라도 너무 어렵다는 게 문제입니다. 모호한 규정이 많고 표현도 어려워 세법 교수나 세무사도 스스로 세금 신고를 하라면 꺼릴 정도예요."

어떤 세무사의 하소연입니다. 뒤엉킨 실타래처럼 복잡해진 세법 때문에 '양포 세무사'라는 말이 나올 정도니 충분히 공감도 됩니다.

통상 개정된 세법은 2월에 시행되고, 다시 6개월 뒤인 7~8월에 새로운 세법개정안이 발표됩니다. 법전에 잉크가 마르기도 전에 또 개정안이 나오는 셈이죠. 9월에서 10월 사이에 바뀌는 세법은 세무사들조차 깜빡 잊고 지나칠 때가 있다고 합니다. 이 '깜빡'의 대가로 적게는 수십만 원에서 많게는 수백억 원이 오갈 수 있습니다.

세금은 국민 스스로 자진 신고할 수 있습니다. 정보가 넘쳐나는 시대다 보니 인터넷 검색을 참고해서 국세청 홈택스를 통해 직접 신고할 때도 있습니다.

몇 년 전 알게 된 세법 지식이 절대불변의 진리가 아닙니다. 예로 부동산 다주택자 중과규정은 유예, 완화, 폐지되기도 하고, 또

부활하기도 합니다.

인터넷 검색은 어쩌면 양날의 칼입니다. 쉽고 편하게 찾을 수 있다는 장점이 있지만, 세법이 바뀐 때에는 오답이 될 수 있으니 주의가 필요합니다. 따라서 믿을 만한 세무대리인을 늘 곁에 두고 자기가 알고 있는 정보가 맞는지 크로스체크하는 습관이 중요합니다.

⊘ 알아두면 쓸모있는 세금 용어, <세무사의 특별한 서비스>

- 기업 (재무) 진단 및 경영 컨설팅
건설업 등 법적 의무 때문에 기업진단을 받아야 하는 업종의 경우 기업진단과 경영 컨설팅 서비스를 받을 수 있습니다.

- 비상장주식의 가치평가
중소기업의 경우 대부분이 비상장주식이므로 가업상속, 증여, 기업 가치 평가 등의 원인으로 비상장주식의 평가 업무가 많습니다. 비 상장주식 평가만을 전문적으로 하는 세무사 사무실이나 세무법인 이 늘어나는 추세입니다.

세무사는 보호자가 아니다

"이따금 신고기한이 다 되거나 환급 신청할 때 중요한 자료를 준비하지 못하는 바람에 가산세를 받는 등 불이익을 받게 되면, 도리어 우리에게 '왜 적극적으로 자기를 다그치지 않았느냐'라고 항의하는 사람들도 있어요."

어느 세무대리인의 하소연입니다. 세무사에게 기장을 맡겼다고, '모든 게 끝난 것이다'라고 생각하는 사람들이 많습니다. 세금 신고는 세무대리인이 알아서 잘 해주겠지만, 세금 신고 전 관련 자료 준비와 납부는 사장님 몫입니다. 납부서를 받아 놓고선 미루는 사람이 의외로 많고, 신고가 끝났으니 납부는 천천히 해도 된다고 생각하는 사람도 의외로 많습니다.

참고로 환급액을 그나마 빨리 받는 방법은 신고기한 내에 신고

하는 겁니다. 그런데 이 당연한 과정을 쉽게 지나치는 사람들이 많습니다. 신고기한을 지나서 신고하면 행정절차 상 시간이 소요되므로 신고 기간에 제때 신고한 사람보다 환급액이 늦게 나오게 됩니다.

사업을 잘 해서 매출액을 늘리는 것도 좋지만, 불필요한 지출을 줄이는 것도 사업에 큰 도움이 됩니다. 불필요한 지출을 줄이는 것도 습관이고, 세금을 줄이는 것도 습관입니다. 습관은 본인이 노력해서 본인의 몸에 익혀둬야 합니다.

세무사는 보호자가 아닙니다. 세무대리인은 한배를 같이 탄 팀 동료입니다. 이 배의 선장은 사업을 운영하는 대표자 본인이고, 세무사는 이 배에서 세금이라는 영역을 담당하는 선원 중 한 사람인 것입니다. 본인 재산은 스스로 지키는 것이고, 세무사는 그걸 도와주는 가이드일 뿐이라는 사실을 잊지 맙시다.

✅ 알아두면 쓸모 있는 세금 용어, <세금계산서 VS 계산서>

사업자가 다른 사업자와 거래할 때, 꼭 챙겨야 할 영수증이 있습니다. 바로 세금계산서입니다.

사업자가 국세청에 부가가치세를 신고·납부하기 위해서는 소비자에게서 받은 부가가치세(매출세액)에서 자신이 사업용으로 상품을 매입하거나 서비스를 이용할 때 지출한 부가가치세(매입세액)를 빼는 절차를 거칩니다.

- 부가가치세 = 매출세액 − 매입세액

이렇게 매출세액에서 매입세액을 빼는 계산을 '정확하게' 하는데 필요한 것이 세금계산서입니다. 사업자 간에 부가가치세를 계산한 증서인 거죠.

사업자와 거래를 하다 보면 부가가치세가 면세되는 물품을 구매하거나 서비스를 이용할 수 있습니다. 가공되지 않은 농·수·축산물이나 도서, 신문잡지, 연탄과 같은 면세품목을 매입하는 경우입니다. 금융서비스나 의료보건서비스 등 부가가치세가 면세되는 용역을 이용해도 마찬가지입니다.

이런 면세사업자와 거래하거나 면세물품을 거래한 경우에는 부가가치세를 준 것이 없으니 세금계산서가 아닌 그냥 '계산서'를 주고받게 됩니다. 계산서 역시 면세거래를 하는 사업자 간에는 반드시 주고받을 의무가 있습니다.

과거에는 종이로 된 세금계산서만 주고받았지만, 지금은 전자세금계산서(종이문서가 아닌 전자문서로 된 세금계산서)가 보편화가 되었습니다. 대부분 사업자는 전자세금계산서가 의무사항이기도 합니다.

과세기간 전년도의 연매출(공급가액)이 1억 원이 넘는 개인사업자는 전자세금계산서를 의무발행해야 합니다. 2024년 7월부터는 연매출 8천만 원 이상인 개인사업자도 전자세금계산서를 의무발행해야 합니다.

모든 것을 다 알 거라는
생각은 착각이다

세무사는 만능 해결사가 아닙니다. 모든 일을 다 잘 알 수 없고, 다 잘할 수도 없습니다. 다양한 분야에서 일하기 때문에 세무사들의 경험도 다양하고, 전문 분야 또한 다양할 수밖에 없습니다. 그러므로 의뢰인은 자신의 세무사 이력이나 경력이 어떻게 되는지 꼭 알아봐야 합니다.

세알못 – 조금 뜬금없는 질문이지만, 세금 관련된 일은 누가 잘할까요?

택스코디 – 어떤 일이든 마찬가지겠지만, 많이 해본 사람이 잘합니다. 똑같은 외과수술을 10번 해본 의사와 1,000번 해본 의사의 실력 차이는 어떨까요. 여러 번 일해 본 사람은 실력도 실력이지만, 다른 사람들이 알지 못하는 노하우도 많이 가지고 있습니다. 너무 당연한 말인데, 세무 전문가를 찾을 때는 그런 실력자를 찾기가 쉽지 않습니다. 그래서 솔직히 그 업종을 얼마나 했는지를 물어보는 수밖에 없습니다.

세무사가 모든 분야, 모든 세법을 다 알 것이라는 생각은 큰 착각입니다. 세법은 다양한 세목을 가지고 있을 뿐만 아니라 그 작은 세목 하나도 엄청나게 광범위합니다. 세무사도 본인의 업무 경험 등을 바탕으로 전문화된 분야가 있습니다. 이제 막 시험에 합격 후 세무 업무 경력이 짧거나 세무사 자격증을 취득하고 세무법인이 아닌 대기업이나 일반회사에 취직해서 일한 세무사의 경우 세무 업무에 대한 전문성은 떨어질 수밖에 없습니다.

의사는 안과 전문의, 피부과 전문의, 성형외과 전문의 등 전문의라는 인증제도를 통해서 전문 분야를 쉽게 파악할 수 있습니다. 하지만 세무사는 의사의 전문의 같은 인증제도가 없습니다. 그래서 주변 사람들에게 물어보거나 소문을 듣고 특정 업무나 경험이 많은 세무사를 찾아야 합니다. 세무기장을 맡기려 할 때 세무사의 전문분야를 파악하기는 생각보다 쉽지 않습니다. 세무사를 만나서 경력과 세무 업무를 해 본 업종을 물어봐서 파악하는 게 보통입니다.

만약 세무조사나 조세불복과 같은 특이 상황이 발생한 경우라면, 자기 사업에 대해 가장 잘 알고 있는 세무기장 담당 세무사에게 맡기는 게 낫겠지만, 그 세무사가 평소 미덥지 않거나 불안한 마음이 조금이라도 있다면 세무조사나 조세불복을 전문으로 하는 세무사를 추천해 달라고 하면 됩니다.

세무사에게 제일 중요한 것은 문제해결 능력입니다. 그런 능력은 특정 분야에 대한 많은 경험이 있는 그 분야 전문 세무사가 가지고 있습니다. 보통 세무사들은 3개에서 5개 정도의 전문 분야를 가지고 있으므로 세무 상담을 할 때 '세무사님의 전문 분야는 어느 쪽입니까?'라고 물어보면 어느 정도 파악할 수 있을 것입니다.

⊘ 알아두면 쓸모 있는 세금 용어, <국선 세무대리인 제도>

사전 세금상담이 아니라 국세청에 의해서 이미 결정된 세금에 불만이 있어 조세불복 (이의신청, 심사청구)을 해야 하는 상황에도 무료로 세무사를 이용할 수 있습니다. 국선 세무대리인 제도를 활용하는 방법입니다.

국선 세무대리인은 세무사와 공인회계사, 변호사 등 전국적으로 분포하며 3,000만 원 이하의 세금에 대한 이의신청, 심사청구를 하는 개인이 대상이 됩니다. 영세납세자 지원 목적이기 때문에 보유재산 5억 원 이하, 종합소득금액 5,000만 원 이하라는 신청제한이 붙습니다.

또 상속세와 증여세, 종합부동산세에 대한 불복에도 이용할 수 없습니다. 신청요건만 맞으면 이의신청 및 심사청구 이전에 관할 세무서를 통해 국선 세무대리인을 지정받을 수 있습니다. 참고로 건당 10만 원 안팎의 세무대리인 비용은 국가가 지급하니 부담을 덜 수 있습니다.

세무사는
어떤 거래처를 선호할까?

세무대리인에게는 각자 전문 분야가 있습니다. 예를 들어 양도소득세 전문, 종합소득세 전문, 병·의원 세무 전문, 치과 세무 전문, 학원 세무 전문 등 각 분야에서 많은 경험을 해본 전문 세무사를 찾는 것도 중요합니다.

세알못 – 국세청 출신 세무사가 좋은 가요?

택스코디 – 세무사를 고를 때, 세무공무원 출신이냐 아니냐는 중요하지 않습니다. 어느 분야 전문가인지가 중요합니다. 물론 국세청 출신이 유리한 분야가 있습니다. 그런데 자신에게 닥친 세금 문제에 어떤 세무사가 필요한지에 대한 파악은 하지 않고, 단순히 국세청 경력이 있는지 없는지를 따지는 사람들이 있어서 하는 소리입니다.

국세청에서 일한 경력이 있다면 세무행정에 대한 이해도는 상당히 높을 것입니다. 그러나 모든 분야의 전문가라고 말할 수는 없습니다.

세무사업도 무형의 지식을 서비스하는 사업이므로 영업을 위해 뭐든지 자신 있는 것처럼 말하는 세무사도 있습니다. 정작 고객에게 필요한 것은 포장이 잘 된 전문가가 아니라, 세금 문제를 잘 해결해 줄 수 있는 전문가라는 사실을 기억해야 합니다.

세알못 – 혹시 세무사 편에서 좋은 거래처는 어떤 경우인가요?

택스코디 – 그들은 다음과 같이 말합니다. 지피지기면 백전백승, 참고하면 좋습니다.

1. 연락이 잘 되는 사람

연락이 잘 되어 필요한 자료를 제때 전달해주는 사람이 있는가 하면 연락 자체가 안 되는 사람도 있습니다.

2. 조언을 잘 따르는 사람

세무대리인은 나름대로 거래처에 절세에 관한 안내를 해줍니다. 그런데 바쁘다는 등의 이유로 안내해주는 절세법을 따르지 않는 사람도 있다고 합니다. 세무사가 하는 안내는 대부분 절세를 위한 안내이고, 고객에게 도움 되는 것이지 해가 되는 것은 아닙니다.

3. 납부기한을 잘 지키는 사람

세금 신고는 세무대리인이 대행하지만, 납부는 결국 본인이 해야 합니다. 가까운 은행에서 납부를 해도 되고, 홈택스에서도 가능합니다. 그런데 모든 세금에는 납부기한이 있습니다. 즉 언제까지 납부해야 한다는 마감일이 있다는 것입니다.

참고로 부가가치세는 1월 25일 또는 7월 25일 까지이고, 소득세는 5월 31일까지, 원천세는 매월 10일 까지입니다. 늦어도 그 마감일까지 신고·납부를 완료해야 합니다. 납부기한을 넘겨서 납부를 하면 납부불성실가산세라는 명목으로 가산세가 부과됩니다. 이런 가산세를 안 내는 것 역시 절세라는 사실을 기억해야 합니다.

⊘ 알아두면 쓸모 있는 세금 용어, <기장료, 조정료, 신고대행수수료>

- 기장료

세무대리인에게 기장대행을 의뢰하고 일정한 수수료를 매달 지급하는 장부 작성 수수료입니다.

- 조정료

소득세 신고 시 세무조정을 한 후에 신고해야 하므로 이를 조정료라 부릅니다.

- 신고대행수수료

부가가치세, 소득세 신고 기간에만 잠깐 신고대행을 의뢰하고 지급하는 비용을 신고대행수수료라 부릅니다.

알아두면 쓸모 있는
세무사 사용 메뉴얼, 사업자

인터넷 검색에만
의존하는 것은 위험하다

세알못 – 학원 강사로 일하는 프리랜서입니다. 인터넷 검색을 통해 이것저것 알아보면서 단순경비율로 소득세 신고를 했습니다. 하지만 1년 뒤에 단순경비율 대상이 아니라 기준경비율 대상이라는 과세예고통지서를 받았습니다. 그래서 200만 원 정도 소득세 추가납부세금이 발생했습니다. 여기에 20만 원 정도의 지방소득세가 추가로 발생했고, 건강보험료 정산까지 더하면 추가로 발생한 지출이 생각보다 커서 걱정입니다.

택스코디 – 질문을 정리해 보면 요즘 사람들이 흔히 의존하는 문제해결 방법, 포탈사이트 검색을 이용해 거기서 말하는 대로 따라서 신고를 했는데, '1년 전 신고가 잘못되었다고 과세예고통지서를 받았다'라는 것입니다.

인터넷에서 제대로 된 정보를 건져 올렸다면 정말 다행인데, 그곳에는 오래된 물고기, 썩은 물고기도 많다는 사실을 알고 있어야 합니다. 인간은 이기적인 동물이라서 조금이라도 자신에게 유리한 규정이 있다면 아전인수식으로라도 자신에게 해당한다는 논리로 합리화하고 싶어 합니다.

인터넷 검색을 통한 지식의 습득은 아예 하지 않는 것보다 바람직하지만, 분명 한계는 있습니다. 책이나 강의를 통해 먼저 관련 지식을 습득하고, 인터넷 검색은 참고 자료 정도로 이용하는 것이 좋습니다. 또 확실한 판단이 서지 않을 때는 전문가(세무서 직원 또는 세무대리인) 도움을 청하는 게 바람직합니다.

세법에서 혜택을 주는 규정에는 '요건'이라는 것이 있는데, 모든 요건이 자신에게 정확하게 맞는지를 먼저 판단해 봐야 합니다. 세액공제나 세액감면 같은 혜택이 큰 규정일수록 요건을 더욱더 엄격하게 해석해서 적용해야 합니다.

세알못 씨도 기준경비율 아니면 단순경비율의 적용 대상인데, 기준경비율에 대한 검토 없이 본인에게 유리한 단순경비율을 적용해 신고했습니다. 설사 본인이 단순경비율 대상일지 몰라도 혹시나 모를 일이므로 인터넷 검색만 믿지 말고, '세무대리인 또는 세무서 직원을 통해 한 번이라도 검토했다면 어땠을까'라는 아쉬움이 남습니다.

　본인 생각만으로 세금 문제를 판단하고 결정하는 건 위험한 행동입니다. 세금을 모르기 때문에 돌다리도 두들기고 건넌다는 마음으로 기본적인 세금 공부부터 해야 합니다. 그런 후 세무사에게 내 의견이 맞는지 의논합시다. 즉 크로스 체크 (cross-check)를 하는 거죠. 이게 바로 제가 강조하는 '알고 부리는 세무대리인 사용법'입니다.

⊘ 알아두면 쓸모 있는 세금 용어, <단순경비율, 기준경비율>

- 단순경비율, 기준경비율: 종합소득세 추계신고를 할 때 매출액을 기준으로 나누는 경비율

경비율은 나라에서 증빙 없이도 인정해 주는 세율이니, 당연히 경비로 인정해 주는 비율이 높으면 높을수록 좋습니다. 하지만 무작정 모든 경비를 일괄적으로 인정해줄 수 없어서 만든 게 바로 단순경비율과 기준경비율입니다.

보통 수입금액은 소득과 주요경비 그리고 기타경비를 모두 더한 걸 뜻합니다. 주요경비와 기타경비를 모두 인정해 주는 것이 단순경비율이고 기타경비만 인정해 주는 것이 기준경비율입니다. 기준경비율에서 주요경비를 인정받으려면 증빙이 필요합니다.

수입금액 = 소득 + 주요경비 + 기타경비

보통 소득이 높지 않으면 단순경비율을 적용하고, 그렇지 않으면 기준경비율을 적용합니다. IT 개발자, 필라테스·요가강사, 웹툰작가, 디자이너 등 대부분의 프리랜서 직종이 속해있는 업종은 한해 수입금액 2,400만 원이 기준이 됩니다. 직전연도 동안 벌어들인 수입이 2,400만 원 미만이라면 단순경비율을 적용하고, 그 이상이면 기준경비율을 적용하는 것입니다(단, 7,500만 원 이상이면 추계신고는 할 수 없고 복식부기를 사용한 기장신고를 해야 합니다).

단순경비율 적용 시 필요경비 계산은 다음과 같이 합니다.

- 필요경비 (주요경비 + 기타경비) = 수입금액 × 단순경비율

세알못 씨가 학원 강사이므로 단순경비율은 61.7%가 적용됩니다. 만약 수입금액이 2,300만 원이라면 약 1,419만 원 (2,300만 원 × 61.7%)을 경비로 인정받을 수 있습니다.

기준경비율은 좀 더 복잡합니다. 다음과 같습니다.

- 필요경비 (주요경비 + 기타경비) = 주요경비 (매입비용+임차료+인건비) + (수입금액 × 기준경비율)

만약 세알못 씨가 수입금액이 2,400만 원이라면 단순경비율 적용이 불가능하고 기준경비율로 추계신고를 해야 합니다. 이때 주요경비에는 매입비용과 임차료, 인건비가 속해있습니다. 프리랜서 학원 강사는 주요경비 (매입비용, 임차료, 인건비)가 해당 사항이 없습니다. 따라서 기준경비율로 필요경비를 계산하면 단순경비율로 처리한 것보다 아주 적은 금액이 경비로 인정됩니다. 수입금액이 100만 원이 늘어 기준경비율로 신고할 때 필요경비 금액은 다음과 같습니다.

- 필요경비 (주요경비 + 기타경비) = 주요경비 (매입비용+임차료+인건비) + (수입금액 × 기준경비율 학원 강사 18.4%) = 0원 + 2,400만 원 × 18.4% = 441만 원

보다시피 아무래도 단순경비율과 비교해서 기준경비율이 소득을 더 인정하는 만큼 세금 또한 더 많이 책정되는 편입니다. 따라서 경비율을 어떻게 적용받는가에 따라 종합소득세 또한 크게 차이 납니다. 세금을 줄이고 싶다면, 내가 어떤 경비율을 적용받을 수 있는지 먼저 확인하는 게 우선입니다.

사업자카드는 꼭 필요할까?

세무사는 납세자들이 이런 건 꼭 스스로 챙겼으면 좋겠다고 말합니다. 바로 절세 습관인 거죠.

세금에 관심 있는 직장인 또는 사업자라면 꼭 가입해야 하는 사이트가 바로 홈택스입니다. 세무서에 방문하지 않아도 각종 증명서류를 발급받을 수 있고, 본인이 발급받은 현금영수증과 본인 명의 신용카드 사용금액까지 한눈에 파악할 수 있으며 직장인은 연말정산 간소화 서비스를 이용할 수도 있습니다.

사업자등록증 발급신청뿐만 아니라 각종 세금 신고와 각종 자료제출도 홈택스를 통해서 할 수 있습니다. 대출받을 때 필수 요소인 소득금액증명원과 부가가치세 과세표준증명원뿐 아니라 사업자등록확인서, 폐업사실확인서까지 모두 발급받을 수 있습니다.

1. 홈택스 신용카드 등록하기

대부분 회계사무실은 홈택스를 통해 전자신고를 합니다. 사업하는 사람은 부가가치세 신고 시 매입세액공제 혜택을 보기 위해서는 홈택스에 신용카드를 등록하는 것을 잊어서는 안 됩니다.

2. 대금결제는 신용카드로 하기

현금으로 결제 시 사업자등록증이 없다면 주민등록번호나 본인 휴대전화 번호로 현금영수증을 발급받고, 사업자등록증이 있다면 사업자번호로 현금영수증을 받으면 부가가치세와 소득세에서 혜택을 볼 수 있습니다.

3. 대금결제는 계좌이체 하기

사업자는 바쁘거나 혹은 다른 이유로 영수증 등을 받기 어려울 때가 있습니다. 이럴 때는 가능하면 계좌이체로 거래하고, 이체한 내용에 대해서 기록을 꼭 해둡시다.

4. 큰돈이 나갈 때는 계약서 작성하기

사업하다 보면 큰돈이 움직일 때가 있습니다. 이때는 가능하면 계약서를 작성해서 일을 진행하는 게 좋습니다. 친한 사람 소개로 일을 진행하는 거라서 계약서를 받기 곤란한 경우라면 세무사 펑

계를 맵시다. 담당 세무대리인이 계약서를 받아오라고 시켰다는 핑계를 대서라도 계약서를 작성합시다. 계약서는 서로의 신뢰를 담보하는 장치이면서 절세의 기본입니다.

5. 세금계산서 잘 챙기기

현금을 지급하면, 세금계산서를 잘 챙기거나 현금영수증을 발급받도록 합시다. 현금영수증은 사업자번호로 발급받아야 부가가치세 매입세액공제라는 혜택과 소득세 신고 시 필요경비로 인정받을 수 있습니다.

6. 유형자산 취득 전 물어보기

사업하는 사람이라면 자산 취득으로 얻게 되는 혜택이 무엇인지 세무사에게 물어보는 습관을 들이면 좋습니다. 예를 들어 차량 취득 시 부가가치세 환급은 되는지, 소득세 또는 법인세 절세 혜택은 어떻게 되는지 등의 세무적인 부분에 대해 상담을 미리 하는 것이 좋습니다. 참고로 유형자산은 지급한 비용이 한꺼번에 모두 비용처리 되는 것이 아니고 감가상각이라는 방법을 통해서 몇 년간 비용처리 됩니다.

세알못 – 사업자등록을 하고 난 후 세금 처리를 위해서 사업자카드는 필수인게 맞죠?
....

택스코디 – 그렇게 생각하는 사장들이 많은데 사업자카드는 꼭 만들 필요는 없습니다. 카드사가 영업 목적으로 사업자카드를 만들어야 한다고 홍보하기도 하는데, 그것이 마치 의무인 것처럼 오해를 불러일으킬 수도 있습니다.

사업자카드를 만들지 않았더라도 사업자 본인 명의의 카드를 국세청 홈택스에 사업자용으로 등록을 하면 그것이 사업자의 사업용 카드가 됩니다.

국세청에서 카드사용 내역을 수집해서 확인할 수 있는데, 카드 사용 시간과 장소, 금액을 보고 복리후생비인지, 접대성 경비인지, 경비 처리가 가능한 식대인지 등을 다 파악해서 구분하기 때문에 카드로 쓴 내용으로 비용처리 가능 여부를 판단합니다. 사업자카드 여부가 중요한 것이 아니라 본인 명의의 카드를 홈택스에 등록하는 것이 중요한 것입니다.

⊘ 알아두면 쓸모 있는 세금 용어, <사업용 계좌>

사업용 계좌는 사업용 카드와는 또 다른 문제입니다. 복식부기의무자라면 반드시 사업용 계좌를 신고할 의무가 있습니다.

일반적으로 신규사업자들은 대부분 복식부기의무자가 아닌 간편장부대상이기 때문에 사업용 계좌를 창업 즉시 바로 만들 필요는 없습니다. 간편장부 사업자로 시작했는데, 사업 첫해부터 매출이 많이 발생해서 복식부기의무자로 전환되면, 그때 사업용 계좌를 만들면 됩니다. 복식부기의무자인데 사업용 계좌를 신고하지 않으면 이에 대한 미신고가산세가 붙게 됩니다.

그런데 조세특례제한법상 각종 감면 대상자라면 사업용 계좌를 빨리 만드는 것이 좋습니다. 특히 중소기업특별세액감면은 업종 및 지역별로 최대 30%까지 세액공제를 받는 혜택인데, 사업용 계좌가 없으면 이걸 못 받게 됩니다. 30% 세액공제면, 상당히 큰 혜택입니다. 사업용 계좌 신고를 안 하면 못 받게 되니까 때에 따라 안타까운 상황이 발생할 수 있습니다.

최근 영세 사업자가 사업용 계좌를 만들기가 쉽지는 않습니다. 대포통장 규제로 인해 계좌의 개설 자체가 까다롭고, 기껏 만들어도 이체 한도가 낮거나 해서 활용도가 떨어지는 경우가 많죠. 만약 신규 개설이 어려우면 개인계좌를 사업용 계좌로 전환할 수도 있습니다.

기장신고세액공제는
꼭 챙기자

세알못 – 조그마한 편의점을 운영하고 있습니다. 지금까지 장부에 기재를 하지 않았으나, 매출과 매입 등을 체계적으로 관리하기 위해 기장 하려고 마음먹었습니다. 그런데 사업 규모도 크지 않아 기장을 하기 위해 직원을 새로 채용할 수도 없고, 세무사에게 기장을 맡기자니 수수료도 만만치 않을 것 같아 고민입니다.

택스코디 – 소규모 사업자가 손쉽게 작성할 수 있는 간편장부가 있습니다. '간편장부'란 소규모 사업자를 위해 국세청에서 특별히 고안한 장부로, 회계지식이 없는 사람이라도 쉽고 간편하게 작성할 수 있습니다. 간편장부는 거래가 발생한 날짜 순서로 기록만 하면 됩니다. '국세청 누리집(www.nts.go.kr)→국세신고 안내→종합소득세→간편장부' 안내에 따라 수록된 작성요령과 간편장부를 다운받아 작성하거나, 본인의 필요와 편리에 따라 가까운 문구점에서 구매하거나 시중에 판매되는 전산프로그램을 구입해 사용할 수 있습니다.

간편장부를 통해 소득금액 계산할 수 있는 간편장부대상자는 당해연도 신규로 사업을 개시했거나 직전 과세기간 수입금액의 합계액이 다음의 금액에 미달하는 사업자이면 가능합니다.

업종별 기준수입금액은 농업·임업·어업·광업, 도매 및 소매업(상품중개업 제외), 부동산매매업, 그 밖에 아래에 해당되지 않는 사업(3억 원), 제조업, 숙박 및 음식점업, 전기·가스·증기 및 공기조절 공급업, 수도·하수·폐기물처리·원료재생업, 건설업(비주거용 건물 건설업 제외), 부동산 개발 및 공급업(주거용 건물 개발 및 공급업에 한정), 운수업 및 창고업, 정보통신업, 금융 및 보험업, 상품중개업(1억 5,000만 원), 부동산임대업, 부동산업(부동산매매업 제외), 전문·과학 및 기술서비스업, 사업시설관리·사업지원 및 임대서비스업, 교육서비스업, 보건업 및 사회복지서비스업, 예술·스포츠 및 여가 관련 서비스업, 협회 및 단체, 수리 및 기타 개인서비스업, 가구 내 고용활동 (7,500만 원) 등입니다.

(간편장부 적용제외 대상자는 의사사업, 약사사업, 한의사업, 변호사업, 공인회계사업 등 전문직 사업자입니다.)

간편장부대상자가 간편장부를 기장 하고 소득금액을 신고하는 경우 무기장가산세(20%) 적용 배제, 결손금이 발생한 경우 15년 간 이월결손금 공제 가능 (2008년 이전 발생 결손금 5년간 공제, 2009~2019년 10년, 2020년 이후 발생 결손금 15년간 공제), 조세특례제한법에서 정한 각종 감면 및 세액공제 가능, 부가가치세 매입·매출장 작성의무 면제 등의 혜택이 있습니다.

그런데 사업자가 장부 기장을 하지 않고 추계로 소득금액을 신고하는 경우는 무기장가산세(20%) 적용(소규모사업자 및 신규사업자 제외), 결손금이 발생한 경우 이월결손금 공제 불가, 조세특례제한법에서 정한 각종 감면 및 세액공제 불가, 복식부기의무자는 추계로 신고하는 경우 신고를 하지 않은 것으로 간주해 가산세 부과와 같은 불이익이 있습니다.

세알못 - 신규로 창업해 간편장부대상자입니다. 자진해서 복식부기로 작성해도 상관없나요?

택스코디 - 네, 가능합니다. 복식부기로 작성하면 현금 흐름이 보다 정확해지므로, 정부에서는 탈세를 막을 수 있는 복식부기를 권장하고 있습니다.

사업의 규모가 작은 사업자가 기록한 간편장부도 장부 신고로 인정하고 있는데, 만약 간편장부대상자가 간편장부가 아닌 복식부기 방식으로 종합소득세 신고를 하면 기장신고세액공제를 받을 수 있습니다.

기장신고세액공제는 사업소득만 있을 때는 세액의 20% (1백만 원 한도)를 공제해주며, 만약 다른 소득이 있다면 기장 한 소득비율의 20% (1백만 원 한도)를 공제해줍니다. 따라서 간편장부대상자가 세무대리인을 고용 중이라면, 종합소득세 신고 시 기장신고세액공제를 받았는지를 꼭 확인해야 합니다.

기장신고세액공제의 계산법은 다음과 같습니다.

- 기장신고세액공제 = 산출세액 × (기장신고 소득금액 / 종합소득금액) × 20%

✅ 알아두면 쓸모 있는 세금 용어, <노란우산공제>

간편장부대상자가 복식부기 장부를 작성했을 때 받을 수 있는 100만 원 한도의 기장세액공제, 사업자라면 가입할 수 있는 노란우산소득공제, 연금저축세액공제 등이 있죠. 좋은 세무사라면 사업자가 낼 세금에서 뺄 수 있는 건, 알아서 잘 챙겨 뺄 수 있도록 도와줘야 합니다. 만약 이런 공제제도를 지금 적용받지 못하고 있는 사업자라면 당장 세무사에게 전화해서 물어봅시다.

참고로 노란우산공제는 소기업이나 소상공인이 폐업이나 노후에 대비할 수 있도록 만든 공제제도입니다. 직장인에게는 퇴직금이 있지만, 자영업자들에게는 퇴직금이라는 개념이 없으므로, 매월 일정한 부금을 붓고 훗날 경영적 어려움이 생겼을 때 재기 자금으로 사용할 수 있도록 하는 적금 개념이라고 생각하면 됩니다.

노란우산공제를 통해 납입한 부금에 대해서는 연간 최대 500만 원까지 소득공제 혜택(임대사업자 제외)과 연복리 이자를 받을 수 있습니다. 월 40만 원씩 납입해 공제 한도를 맞출 경우, 최고세율에 해당하는 사업주들은 200만 원 정도의 금액을 일종의 필요경비처럼 인정받을 수 있습니다. 저축하면서 절세 혜택도 받을 수 있는 일석이조 혜택인 셈입니다.

결손이 나는 등 정말 상황이 어려운 경우를 제외하고 연 이익이 2,000만 원 이상이라면 가입을 하는 것이 좋습니다.

결손금이 발생했다면?

　당해 사업연도 결산을 통해서 순이익 또는 결손을 파악할 수 있습니다. 이익이 발생하면 세무조정을 통해 세금을 산출하고, 결손이 발생하면 다른 소득에 반영해 소득세를 계산하든지 아니면 이월결손금으로 처리해 다음 해 소득세 신고 시 이월할 수 있습니다.

　담당하는 세무사가 꾸준히 세무관리를 하고 있다면 크게 걱정할 필요가 없지만, 그렇지 않은 프리랜서나 소규모 개인사업자도 세무대리인을 통해 종합소득세 신고를 하면 좋습니다.

　부가가치세 신고에서 세무사가 해줄 수 있는 부분은 사전 절세 컨설팅 정도입니다. 그러나 종합소득세는 사전에 대비를 많이 못 했더라도 어느 정도 절세가 가능합니다. 소득세 절세로 얻는 유·무형의 이득이 신고대행수수료보다 크므로 가능하면 세무사에게 의뢰하는 것이 좋습니다.

하나 팁을 말하자면, 종합소득세는 매년 5월이 신고 기간이므로 가능하면 5월이 되기 전인 4월쯤 미리 세무사 사무실을 찾아가서 신고대행 의뢰를 하면 추계방식이 유리한지, 기장신고가 유리한지를 더 꼼꼼하게 신경 써 줍니다. 그런데 대부분 5월 마지막 주에 허겁지겁 의뢰하러 찾아갑니다. 수많은 사람이 5월 마지막 주에 몰려서 꼼꼼하게 봐주기가 어렵습니다. 따라서 본인 종합소득세를 조금이라도 더 줄이고 싶고, 제대로 처리해주길 원한다면 5월이 시작하기 전에 찾아가야 합니다.

참고로 1년 동안 수입금액은 적고 비용은 많이 들어갔다면, 수입에서 비용을 뺀 순이익이 마이너스가 발생합니다. 이걸 세법적인 용어로 결손이라고 합니다. 세법에서는 당해연도 발생한 결손금에 대해서는 15년간 이월시켜서 다음 해 소득금액에서 결손금만큼 빼줍니다. 이걸 이월결손금이라고 합니다.

다시 말해 이월결손금은 내년 소득금액을 줄여주는 할인 포인트 같은 역할을 합니다. 이럴 때는 추계신고가 아닌 장부를 만들어서 다음연도 종합소득세 신고에서 절세를 노려야 합니다.

특히 사업 초창기에는 비용이 많이 들어갑니다. 이때 세무사를 통해 장부를 만들어 제대로 신고하면 최소 몇 년 이상의 절세이득을 얻을 수 있습니다. 특히 하반기에 사업을 시작하는 사람은 결손이 나오는 경우가 많아서 이월결손금 규정을 통해 다음 연도 절세까지 생각해야 합니다.

⊘ 알아두면 쓸모 있는 세금 용어, <이월결손금 공제>

사업에 적자가 발생할 때 장부를 작성하면 유효기간 15년짜리 세금 마일리지를 적립할 수 있습니다. 사업 초반에 사업주가 손실이 나면 손실이 적립되다가 15년 이내에 이익이 나면 이익에서 과거의 손실을 차감해줍니다.

이를 '이월결손금'이라고 합니다. 이월결손금은 금액이 얼마인지, 언제 발생했는지가 장부와 증빙으로 사실이 객관적으로 입증돼야만 인정받을 수 있습니다. 이월결손금은 세금 절감효과가 있습니다. 특히 사업 구조상 사업 초반에 큰 적자면서 이후에 큰 흑자로 전환되는 특징을 가진 산업군은 반드시 장부를 작성해서 이월결손금을 활용해야 합니다.

소득세는 회사의 존속기간 전체를 대상으로 누적된 이익에 과세하지 않고, 일정한 사업연도마다 그 사업연도에 확정된 이익에 대해 과세를 하는 기간 과세 세목입니다. 이런 이유로 사업연도마다 손실과 이익이 반복해 발생하는 회사의 경우에는 비록 회사의 존속기간 전체로는 손실이 발생했다고 하더라도, 이익이 발생한 사업연도에 부득불 과세가 되어 버리는 문제가 생깁니다. 이에 소득세법은 이러한 기간 과세 제도의 한계를 보완하기 위해 특별한 장치를 마련해 뒀습니다. 그 대표적인 장치가 바로 이월결손금 공제제도입니다.

이월결손금 공제제도는 과거에 발생한 결손금을 버려두지 않고, 장래에 이익이 발생하는 사업연도에 다시 꺼내 들어, 그 사업연도의 소득에서 공제하는 제도를 말합니다.

따라서 과거 지나간 사업연도에 결손이 발생한 사실이 있다면 이를 기억하고 잘 관리해두어 이익이 발생하는 사업연도의 소득세를 줄여 줄 수 있기 때문입니다.

언제부터 고용할까?

창업 후 세무관리는 아주 간단하게 진행하고 있다. 바로 전문가에게 위임하는 것이다. 세무는 전문가에게 맡기는 게 가장 편하다. → 모르고 맡기는 것이 문제다.

물론 내가 직접 할 수 있지만, 일일이 공부하고, 배우면서 하는 시간보다 내 콘텐츠에 집중하고, 내 메인 업무를 진행하는 것이 훨씬 효과적이고 효율적이라는 것을 깨닫게 된 이후부터는 세무는 전문가에게 의뢰한다. → 단순히 세금 계산을 하는 법과 신고하는 법을 배우는 데는 오랜 시간이 걸리지 않는다. 그러므로 이 말은 모순이다.

실제 의뢰비용도 얼마 들지 않는다. 싸게 하면 기장대리 비용을

5만 원 선에서도 할 수 있다. → 금액이 문제가 아니다. 계속해서 하는 말인데, 모르고 맡기는 것과 알고 부리는 것은 큰 차이가 있다. 같은 돈을 써도 알고 부릴 때 빛을 발한다.

이 비용을 지급하고, 세무에 관한 각종 스트레스에서 벗어났을 뿐만 아니라 세무 관련 부분에서 궁금한 점들이 생겼을 때 안심하고 문의할 수 있다. → 세금 스트레스는 매출이 커질수록 오히려 더 심해지고 역설적으로 그때 세금 공부의 필요성을 더 느낀다. 또 비용을 들여 세무대리인을 고용했음에도 물어보는 게 어렵다. 설령 물어보더라도 아는 게 없어 대화가 되질 않는다.

세알못 – 혹시 세무사는 언제부터 고용해야 하는지를 법으로도 정해 놓은 기준이 있나요?

택스코디 – 법으로 정한 기준이 있습니다. 개인사업자는 복식부기의무자 중 외부조정대상자로 확정되면 무조건 세무대리인을 고용해야 합니다.

복식부기의무자로서 대통령령으로 정하는 사업자의 경우 세무사법에 의거 등록한 세무사. 회계사 등이 세무조정계산서를 작성,

확인하는 것을 '외부조정'이라고 합니다.

외부조정대상자로 기재된 안내문을 받은 사장님들은 반드시 세무 전문가가 작성한 외부조정계산서를 첨부하여 소득세 신고를 해야 합니다.

세알못 - 외부조정대상자 구체적인 기준은 어떻게 되나요?

택스코디 - 다음과 같습니다.

〈외부조정대상자 (개인사업자) 판정 기준 수입금액〉

업종별	직전년도 수입금액
농업 및 임업, 어업, 광업, 도매업 및 소매업, 부동산매매업 등	6억 원 이상
제조업, 숙박 및 음식점업, 전기, 가스 및 수도사업, 건설업, 운수업, 통신업, 금융 및 보험업	3억 원 이상
부동산임대업, 사업서비스업, 교육서비스업, 보건 및 사회복지사업, 사회 및 개인서비스업, 가사 서비스업	1억5천만 원 이상

외부조정대상자가 세무사에 의뢰하지 않고 직접 소득세 신고를 하면 무신고로 간주하며 무신고가산세가 부과되므로 반드시 세무사와 상의 후 소득세 신고를 해야 합니다.

세무사 사용 메뉴얼

⊘ 알아두면 쓸모 있는 세금 용어, <개인사업자 종합소득세 신고유형>

종합소득세 신고유형은 무려 13가지의 알파벳 명칭으로 구분됩니다. 사업자는 S, A, B, C, D, E, F, G, I, V의 10개의 유형으로 구분되고, 종교인은 납부세액 유무에 따라 두 가지(Q, R) 유형으로 구분됩니다. 끝으로 비사업자 중에서도 금융·근로·연금·기타소득 등이 있는 경우 T 유형으로 구분됩니다.

S, A, B, C 유형은 장부를 정식으로 제대로 써야 하는 복식부기 장부 작성의무가 있는 사업자들이고, D, E, F, G 유형은 간편한 형식으로 장부를 써도 되는 간편장부대상 사업자입니다.

먼저 S 유형은 성실신고확인대상 사업자입니다. 업종별로 매출액이 일정한 규모 이상이 되는 덩치 큰 사업자는 세금 신고를 하기 전에 세무대리인에게 신고의 성실성을 한 번 더 검증받아야 합니다. 성실신고확인대상이라고 합니다.

농·임·어·광업, 도소매업 등은 연 매출(수입금액) 15억 원 이상, 제조업 숙박음식점업, 운수창고업, 정보통신업, 금융보험업 등은 연매출 7억5,000만 원 이상, 부동산임대업, 서비스업 등은 연 매출 5억 원 이상이면 성실신고확인대상이 됩니다.

변호사, 공인회계사, 세무사, 변리사, 건축사, 법무사 등 전문직종 사업서비스업은 연 매출과 관계없이 모두 성실신고확인대상입니다. 성실신고확인대상은 신고의 복잡성 때문에 종합소득세를 5월 말까지 신고하지 않고 6월 말까지 신고합니다.

다음으로 A 유형은 반드시 세무사가 장부를 쓰고 세무조정까지 해야만 하는 사업자 유형입니다. 스스로 장부를 쓰지 않고 외부 세무대리인에게 장부를 맡겨야 한다고 해서 외부조정대상자라고 합니다.

가공인건비, 매출과대계상, 소득금액누락, 허위계산서발행 등 불성실신고 경험이 확인된 사업자들이 주로 A 유형에 속하게 됩니다. A 유형이 만약 세무대리인을 통하지 않고 신고하면 신고를 하지 않은 것과 같이 무신고가산세가 붙습니다.

B, C 유형 사업자도 복식부기로 제대로 장부를 써야 하는 사업자입니다. B 유형은 스스로 장부를 쓸 수 있는 사업자이고, C 유형은 전년도에 장부를 안 쓰고 추계신고했던 사업자들에게 부여되는 구분입니다. B와 C 유형 역시 복식부기가 아닌 간편장부를 쓰거나 추계신고하면 무신고로 처리되고, 무신고가산세를 물어야 합니다.

D, E, F, G 유형은 간편한 형식으로 장부를 쓰는 간편장부대상입니다. 이들 사업자가 간편장부조차 쓰지 않을 때는 국세청이 정해 놓은 경비처리비율(경비율)에 따라 비용을 처리하게 됩니다.
국세청 경비 인정 비율은 다시 상대적으로 비율이 높은 단순경비율과 그 반대인 기준경비율로 구분됩니다. 간편장부대상 중에서도 일정규모 이상 사업자는 기준경비율, 그 이하 사업자는 단순경비율이 적용됩니다.
간편장부대상 중에서도 사업소득만 있어서 세금 신고 내용이 아주 단순한 사업자는 F 유형과 G유형으로 구분합니다. 이 경우 국세청이 세금신고서를 모두 미리 채워서 안내합니다. 미리 채워준 세금신고서에 낼 세금이 있으면 F, 낼 세금이 없으면 G 유형입니다.

참고로 주택임대사업자 중에서 임대소득 분리과세를 선택해도 국세청이 모두채움신고서를 보내줍니다. 이런 사업자는 V 유형으로 구분됩니다.

I 유형은 국세청이 사전에 성실하게 신고하라고 안내한 내용을 무시하고 제대로 반영하지 않은 사업자들이 포함됩니다.

유튜버 등 신종업종이나 외화로 수익을 벌어들이는 사업자들, 동종업종과 비교해 소득을 너무 적게 신고한 사업자들도 I 유형의 안내를 받을 수 있습니다. 이 유형은 국세청이 남들보다 더 주목하고 있는 사업자라고 알려준 것이기 때문에 과거보다 더 성실하고 정확한 신고가 필요합니다.

포괄양수도 계약 시,
이것 주의하자

보통 사람은 폐업하면 사업에 관해서는 모든 게 끝났다고 생각합니다. 그런데 폐업을 결정하더라도 어떻게 사업을 마무리할지와 폐업하고 난 뒤에 세금 신고는 어떻게 처리할지가 중요합니다. 즉 단순 폐업으로 처리할지 포괄양수도로 처리할지에 따라 신경 써야 하는 세무처리가 달라지고 주의해야 할 점도 늘어납니다.

세알못 - 단순 폐업은 뭔지 이해가 되는데, 포괄양수도는 무엇인가요?

택스코디 - 단순 폐업과 달리 포괄양수도는 진행하기 전에 검토해야 할 내용이 많고 복잡한 사안들이 많아서 세무대리인을 통해 진행하

세무사 사용 메뉴얼

는 것이 좋습니다.

포괄양수도의 경우에는 부가가치세 문제가 가장 중요한 쟁점입니다. 포괄양수도를 통해 부가가치세 면제 혜택을 보기 위해서는 여러 가지 요건을 모두 갖춰야 합니다. 계약서상으로는 쉽게 처리할 수 있을지 모르지만, 세금 문제가 끼어들게 되는 만큼 위험회피를 위해서 세무사 도움을 받아야 합니다.

포괄양수도 계약을 이해하기 위해서는 먼저 부가가치세의 개념과 흐름을 먼저 알아야 합니다. 부가가치세란 상품이나 서비스를 제공하는 과정에서 물건값에 포함되어 있어 최종적으로 그 재화나 용역을 사는 사람이 내는 세금입니다. 상가 등 건물이 포함된 부동산을 매매 시 건물분에 대한 부가가치세를 내야 하는데, 건물 거래가 액의 통상 10%를 부가가치세로 납부해야 합니다. 부가가치세의 납부 흐름은 매수자가 매도자에게 건물 거래가액의 10%를 부가세로 납부하면 매도자는 그 금액을 받아 국세청에 신고·납부하고 매수자가 그 금액을 다시 환급받는 구조로 되어있습니다.

포괄양수도 계약이란 상가나 사업 등을 매매할 때 매도자는 단순 건물만 매매하는 것이 아니라 그 사업과 관련된 자산을 포함한 부채, 권리와 의무까지 포괄적으로 한 묶음으로 양도하고, 매수자는 그 모든 것을 포괄적으로 매수하여 사업의 동일성은 유지하되, 경영의 주인만 바뀌는 것을 말합니다. 즉 양도자와 양수자의 사업이 동일하고 업종도 동일하게 인수도 하면서, 주인만 바뀐다고 생각하면 됩니다.

포괄양수도로 사업을 넘기려고 결정하기 최소 한 달 전쯤 늦어도 포괄양수도 계약서를 작성하기 전에는 반드시 상담해야 합니다. 본인이 포괄양수도로 사업을 넘기려고 하고, 양도가액은 얼마나 되는지, 양도하려는 재산은 무엇인지, 양도 대금을 어떤 식으로 받을 것인지, 계약서 특이사항에 어떤 문구를 적어야 하는지, 공인중개사에게 지급한 중개수수료는 어떻게 처리되는지 등 단순 폐업과는 비교할 수 없을 정도로 검토해야 하는 사항이 많습니다.

가게 문만 닫으면 모든 게 다 끝난 것으로 생각하는 사람이 적지 않습니다. 그래서 폐업 후 세무서에서 날아온 고지서를 가지고 세무대리인을 찾는 사람도 많습니다. 폐업을 단순히 가게 문 닫는 것으로 간주하면 생각지도 못한 불이익을 받을 수 있습니다. 폐업으로 심적으로 힘든 건 이해하지만, 세금이라는 더 큰 상처를 피하기 위해서는 세무대리인을 미리 만나 폐업 얘기를 나눕시다. 그러면 세금으로 뒤통수를 맞는 일은 없을 것입니다.

⊘ 알아두면 쓸모 있는 세금 용어, <포괄양수도 계약>

• 포괄양수도 계약의 성립 조건 3가지

1. 과세유형이 같아야 한다.
매도자와 매수자가 일반사업자끼리 양수도 하거나, 간이과세자끼리 양수도 하거나, 또는 매도자는 간이과세자인데 매수자가 일반과세자일 경우는 포괄양수도가 가능하지만, 매도자가 일반과세자인에 매수자는 간이과세자일 경우만 포괄양수도 계약이 불가능합니다.

2. 업종 변경 없이 사업의 종류가 같아야 한다.
예를 들어, 임대사업자가 상가를 임대사업자에게 매도하여 매수자가 인수한 상가를 임대 사업용으로 사용하는 등 사업 업종의 변경 없이 주인만 바뀌어야 합니다.

3. 사업 전체를 양도 양수해야 한다.
사업 일부만 양수도 할 때는 포괄양수도 계약이 안 됩니다. 사업에 관한 자산, 부채, 권리, 의무, 사람, 설비 등 모든 것을 양수도 해야 포괄양수도가 가능합니다.

- 포괄양수도 절차

양도인과 양수인이 포괄양수도 계약을 체결하고 양도인이 세무서에 "양도양수에 의한 폐업임"을 표시한 사업 폐업신고를 하면, 양수인이 "사업장의 포괄양수도에 의한 사업 개시임"을 표시한 사업자등록 신청서를 제출하면 됩니다.

- 포괄양수도의 장점

일반 매매를 할 때 매도인은 매수인으로부터 건물분 부가가치세 10%를 받아 국세청에 내야 해서 불편하고, 매수인은 나중에 환급받을 부가가치세를 부동산 매매 시 준비해야 하는 자금 부담을 감수해야 합니다. 국세청은 매도인에게 부가가치세를 받아 매수인에게 다시 환급해 줘야 하는 실익이 없는 행정절차만 낭비되는 결과가 진행됩니다. 포괄양수도를 하면 위의 절차들이 모두 생략되므로 매도인, 매수인, 국세청 모두에게 편리한 제도가 될 수 있습니다.

- 포괄양수도 시 주의할 점

첫째, 포괄양수도 계약은 양도인의 자산뿐만 아니라 부채와 의무까지 일괄적으로 양수를 하므로 매도인의 미수금, 외상매출금, 미지급금, 채무 등이 있는지 세밀히 알아보고 만약 그러한 사항이 있을 때는 포괄 인수도 계약을 무효로 한다는 특약으로 작성해 두는 것이 중요합니다.

둘째, 포괄양수도 계약을 하기 전에 국세청에 포괄양수도 계약이 가능한지 문의한 후 계약을 진행하되, 만약을 대비하여 "매도인과 매수인의 사정으로 포괄양수도 계약이 인정되지 않거나, 과세당국에서 포괄양수도 계약을 인정하지 않을 때 건물분의 부가가치세는 매수인이 부담한다"라는 특약을 작성해 두는 것이 중요합니다.

셋째, 포괄양수도가 인정이 안 되어 일반 매매로 진행될 경우 부가가치세 별도인지 부가가치세 포함인지를 계약서에 꼭 기재해야 합니다.

만약 부가가치세에 대한 특별한 언급이 없다면 매매 대금에 부가가치세가 포함된 것으로 해석될 수 있어 이 경우 매수인이 부담해야 할 부가가치세를 매도인이 부담하는 결과가 초래될 수 있습니다.

넷째, 포괄양수도 계약은 양도인과 양수인 간에 부가가치세를 주거나 받는 절차를 생략할 뿐이지 부가가치세가 발생하지 않는다는 뜻이 아니므로, 계약서에는 건물분에 대한 부가가치세는 별도라고 표기해야 합니다.

다섯째, 양도인은 양도일에 사업의 폐업신고를 하고 매매한 달의 마지막 날로부터 25일 이내에 폐업 확정 부가가치세 신고·납부를 해야 합니다.

여섯째, 양수인은 사업의 양수일로부터 20일 이내에 동일한 과세유형으로 사업장의 포괄양수도에 의한 사업개시라는 점을 사업자등록 신청서에 작성하여 국세청에 사업자등록을 신청해야 합니다.

일곱째, 포괄양수도 하는 방법은 매매 계약서 작성 시 포괄로 양도양수한다는 특약을 기재하고 포괄양수도 계약서는 별도로 작성해야 합니다.

알아두면 쓸모 있는
세무사 사용 메뉴얼, 부동산

절세 전략은
장기적인 관점에서 세워야 한다

세알못 – 왜 세금 신고를 잘해야 하나요?

택스코디 – 다음과 같은 이유입니다.

국민의 성실한 납세의무 이행, 절세, 자금출처 소명, 은행 대출 심사, 가산세 제재, 국세청의 간섭을 피하려는 목적 등

성실한 납세의무 이행이라는 말은 초등학교 때부터 국민의 4 대 의무라고 해서 수도 없이 들었을 것입니다. 절세를 위해서 세금 신고를 잘해야 한다는 건 세금 신고를 통해서 얻을 수 있는 세액공제나 감면을 말합니다. 기한을 지키는 신고로 가산세 제재를 피하는 것도 절세의 한 방법입니다. 납세자 대부분이 세금 신고를

제대로 해야겠다고 생각하는 이유는 현지 확인조사나 세무조사와 같은 국세청의 불편한 간섭을 피하기 위해서입니다.

세알못 – 재래시장에서 장사를 열심히 해서 돈을 꽤 벌었습니다. 몇 년 뒤 서울에 아파트를 샀습니다. 사업 매출 대부분이 현금이라 매출을 조금만 신고해서 부가가치세와 소득세를 줄일 수 있었습니다. 그런데 부동산을 취득한 후 세무서에서 자금출처 조사가 나왔습니다.

택스코디 – 현금 매출누락을 너무 많이 한 것 같습니다. 부가가치세와 소득세를 적게 내던 당시에는 좋았을지 모르겠지만, 자금출처 조사와 같은 일을 겪게 되면 매출에 대한 과소 신고가 오히려 부메랑이 되어 돌아오게 됩니다. 아파트를 취득하기 전 세무사와 상담을 했으면 좋았을 텐데 아쉬움이 큽니다.

부동산 등 자산을 취득하게 되면 취득한 재산에 대한 자금출처를 소명해야 하는 경우가 생깁니다. 국세청의 시스템과 정보력은 그렇게 허술하지 않습니다. 장기적으로 봤을 때 세금은 전략이고 보험이 될 수도 있습니다. 따라서 절세 전략은 장기적인 관점에서 세워야 합니다. 세금에 대한 기초 지식을 바탕으로 믿을만한 세무사와 장기적인 관점에서 절세 전략을 세워야 이런 실수를 하지 않습니다.

⊘ 알아두면 쓸모 있는 세금 용어, <자금출처 조사>

부동산은 거래금액이 고액이기 때문에, 증여가 의심되는 경우에는 국세청으로부터 부동산 취득자금에 대해 자금출처 세무조사를 받게 됩니다. 이때 자금의 출처를 명확하게 제시하지 못하면 증여세를 내야 하므로 이에 대비해야 합니다.

세무서에서 직접적인 조사를 하는 것은 아니고, 부동산을 취득한 자금이 어디서 조달된 것인가 하는 것에 대해 서면으로 입증하면 됩니다.

세알못 – 부동산을 취득하기만 하면 누구나 자금출처 조사 대상이 되나요?

택스코디 – 부동산을 취득한 모든 사람에게 자금출처 조사를 하는 것은 아닙니다.

세대주이고 30세 이상인 사람은 2억 원, 40세 이상이면 4억 원 (세대주가 아니면서 30세 이상이면 1억 2천만 원, 40세 이상이면 2억 5천만 원)이라는 기준금액을 초과하면 소명 자료제출을 요구합니다.

〈증여추정배제 기준금액〉

구분	취득재산		채무상환	총액 한도
	주택	기타재산	채무상환	총액 한도
세대주인 경우				
30세 이상인 자	1억 5천만 원	5천만 원	5천만 원	2억 원
40세 이상인 자	3억 원	1억 원		4억 원
2. 세대주가 아닌 경우				
30세 이상인 자	7천만 원	5천만 원	5천만 원	1억 2천만 원
40세 이상인 자	1억 5천만 원	1억 원		2억 5천만 원
3. 30세 미만인 자	5천만 원	5천만 원	5천만 원	1억 원

소득세 납세증명서, 융자나 남의 돈을 빌린 경우에는 부채증명서, 다른 재산을 처분한 경우에는 매매계약서 등

그리고 소명 자료제출을 요구받으면 15일 이내에 위의 자료들을 제출해야 합니다. 이때 취득한 부동산 금액의 80%만 입증하면 증여세가 부과되지 않습니다.
참고로 부동산을 취득할 예정이라면, 현금 매출을 성실히 신고하여 소득세를 내는 것이 자금출처 조사로 증여세를 내는 것보다 유리합니다. 이게 바로 세테크입니다.

인터넷 상담은 분명 한계가 있다

인터넷에 떠돌아다니는 세금상담 글을 읽어보면 답변이 너무 두루뭉술하고, '질문자가 과연 이해할 수 있을까'라는 생각이 들 정도의 어려운 세법 용어가 난무합니다. 그리고 좀 더 사실관계를 파악한 후에 답변할 수 있을 것 같은데도 단편적으로 쓰인 질문에 일방적인 답변을 다는 등 분명 한계점이 보입니다. 국세청에서 운영하는 고객만족센터의 게시판 상담 답변조차도 납세자의 질문에 막연한 답변만 되어있는 경우가 많습니다.

인터넷 상담의 가장 큰 단점은 상담 글 등록 후 몇 년이 지난 후 검색해서 찾아보는 사람에게는 위험할 수 있다는 점입니다. 처음 답변했을 때의 답글은 그 당시 세법으로는 맞는 말이지만, 지금은 세법이 바뀌어서 그 내용이 틀린 내용이 될 가능성이 크기 때문입니다. 특히 부동산에 관한 세법은 부동산 경기 동향이나 정부의 정책적인 목적에 의해서 자주 바뀌므로 부동산에 관한 인터넷 상담은 더욱 위험합니다.

인터넷 상담의 장점은 글로 남는다는 장점이 있지만, 답변이 늦을 수 있고 정확한 답변을 듣지 못할 수도 있습니다. 차라리 본인이 인터넷에 올린 글을 출력해서 직접 세무대리인을 보여주면서 상담을 받는 게 나을 수 있습니다. 세무사도 사실관계를 파악하기 위한 질문을 할 수 있어서 고객이나 세무대리인 편에서 더 나은 방법은 직접 만나서 상담하는 것입니다.

전화 상담도 많이 하는데, 세무대리인들은 전화 상담을 달갑게 생각하지 않습니다. 납세자가 현재 처한 상황에 대해 스스로 객관적인 파악을 하지 못한 경우가 대부분이라고 합니다. 예를 들어 본인 주택을 팔고 싶은데 주변에서 양도소득세가 나온다는 말을 듣고 상담을 하고 싶지만, 주택을 언제 취득했는지, 얼마에 샀는지, 주민등록등본상 누가 함께 있는지조차 알지 못하는 경우가 많습니다. 그리고 세무대리인의 질문에 대해 사실을 바탕으로 명확한 답변 없이 막연하게 답변하는 때도 많다고 합니다. 이렇다 보니 세무사도 막연히 답할 수밖에 없는 구조입니다.

또 세무대리인 입장에서 전화 상담은 재능기부와 영업 활동 중

재능기부에 더 가깝습니다. 그러므로 전화 상담으로는 세무사가 자세한 답변을 주기는 어렵습니다.

세알못 – 그럼 제대로 된 상담을 받는 방법은 무엇인가요?

택스코디 – 직접 세무대리인을 만나는 것입니다. 그리고 다음 내용을 꼭 기억합시다.

1. 어떤 자료를 준비해야 하는지 물어보자.

어떤 내용에 대한 상담인지 미리 알려주고, 준비해야 할 서류나 자료는 무엇인지 물어봅시다. 얘기한 자료를 충분히 준비한 후에 상담하면 만족할 만한 상담이 될 것입니다.

2. 상담료를 꼭 지불하자.

상담료는 어떻게 되는지 물어봅시다. 상담료를 지불할 의사를 표현하는 게 중요합니다. 상담료를 받는 세무대리인은 책임감이 생겨서 무료 상담보다는 확실히 품질이 좋은 상담을 하게 됩니다.

☑ 알아두면 쓸모 있는 세금 용어, <과세기준일>

'6월 1일'을 꼭 기억해야 합니다. 바로 재산세의 과세기준일이기 때문입니다.

이날 현재 집을 소유한 사람은 7월과 9월에 재산세를 절반씩 나눠서 납부해야하며, 고가주택을 갖고 있다면 12월에 종합부동산세까지 납부해야 합니다.

하루 차이로 수십만 원에서 수백만 원의 보유세를 내야 하는 상황이 생길 수도 있으므로 계약할 때 잔금 날을 꼼꼼하게 따져볼 필요가 있습니다. 만약 아파트를 5월에 팔았다면 올해 재산세는 낼 필요가 없습니다. 잔금을 5월 31일에 받았더라도 재산세 고지서가 나오지 않습니다. 집을 산 사람이 재산세를 내게 됩니다.

6월 1일에 매매가 이뤄진 경우에도 집을 산 사람이 재산세를 냅니다. 기존의 집주인은 재산세 과세대상에서 벗어날 수 있고, 새 집주인이 세금을 내는 것입니다.

그런데 6월 2일에 집을 팔았다면 그해 재산세를 내야 합니다. 과세기준일인 6월 1일 현재 집을 소유했기 때문입니다.

참고로 과세기준일은 잔금지급일과 등기접수일 중 빠른 날을 기준으로 결정합니다. 집을 사는 사람이 6월 1일에 잔금을 치르고 6월 2일에 등기를 했다면 재산세 고지서를 받게 됩니다.

종합부동산세도 재산세와 똑같은 과세기준일을 적용합니다. 국세청이 재산세를 납부하는 집주인들 가운데 고가주택을 보유한 과세대상자를 선별해 12월에 고지서를 보냅니다.

주택 한 채만 보유한 사람은 공시가격 12억 원을 넘으면 종부세 과세대상자가 되며, 1세대 2주택 이상이면 공시가격 합계가 9억 원을 넘어도 과세대상입니다.

부동산 세금상담 시, 이것 물어보자

세알못 – 부동산 세금 때문에 미리 상담을 받아야겠다는 생각이

드는데, 막상 세무사를 만나면 무슨 말부터 해야 할지, 어떤 걸

물어봐야 할지 막막합니다.

택스코디 – 상담하기 전에 보유한 부동산을 어떤 방식으로 처분할

것인지 먼저 결정하면 좋습니다. 즉, 부동산을 양도할 것인지, 자식에

게 증여할 것인지, 아니면 죽을 때까지 보유하다가 상속으로 넘겨줄

것인지를 생각해둬야 합니다. 부동산 세금을 제대로 상담받기 위해

서 질문할 내용은 다음과 같습니다.

처분 예정인 부동산이 주택이면?

- 1세대 1주택 비과세 혜택을 받을 수 있을까?
- 비과세를 받지 못하면 양도소득세가 대략 어느 정도 발생할까?

처분 예정인 부동산이 상가이면?

- 부가가치세 문제가 발생하는가?
- 부가가치세가 발생한다면 계산서나 세금계산서 발급 방법은?

처분 예정인 부동산이 토지이면?

- 비사업용토지에 해당하는가?
- 각종 감면이 적용 가능한가?

부동산을 증여할 계획이면?

- 증여세를 줄이는 방법은?
- 부동산을 담보로 대출을 이용해서 절세하는 방법은?

부동산을 상속할 계획이면?

- 상속세 계산 시 부동산 평가방법은?
- 주택, 상가의 상속세 절세 방법은?

참고로 양도소득세를 절세하기 위한 요점은 다음과 같습니다.

1. 부동산 매도 전 (매매계약을 하기 전) 미리 양도세를 계산해 본다.

2. 세금이 나오면, 공제나 감면받을 수 있는지 검토해보자.

3. 부동산 취득원인 (등기원인)에 따라 절세 전략이 다를 수 있다.

4. 양도가액과 취득가액은 실지거래가액으로 신고해야 하므로 매매계약서를 잘 보관하자.

5. 부동산 보유 중에 지출한 비용에 대해서는 증빙을 확실히 챙기자.

6. 다운계약서 또는 업계약서 등 사실과 다른 계약서를 쓰지 말자.

7. 장기보유특별공제가 적용될 수 있는지 파악하자.

8. 토지라면 비사업용토지가 안 되는 방안을 세우자.

9. 부동산이 여러 개일 때는 1년에 2회 이상 양도하면 합산과세된다.

10. 양도차손은 다음 해로 이월되지 않는다.

⊘알아두면 쓸모 있는 세금 용어, <양도소득세 확정신고>

양도세 확정신고대상자는 다음과 같습니다.

① 작년에 부동산·주식 등을 팔고 예정신고를 하지 않은 경우

② 2회 이상 양도하고 자산 종류별로 소득금액을 합산해서 신고하지 않은 경우

③ 예정신고 의무가 없는 국외주식·파생상품 거래에서 양도소득이 발생한 경우

자산		예시	예정신고			확정신고대상
종류 종류	세부항목		1회	2회		
				1. 합산	2. 미합산	
부동산 등	부동산 (토지, 건물) 부동산에 관한 권리 (분양권 등) 기타자산 (회원권 등)	1	X	–		O
		2	O	O		X
		3	O			O
주식 등	3. 국내주식 등	4	X	–		
		5	O	O		4. X
		6	O		O	O
	국외주식	7	예정신고 의무 없음			O
파생상품	파생상품	8	예정신고 의무 없음			O

1. 자산을 양도하면서 먼저 양도한 자산의 소득금액을 합산해 신고한 경우

2. 자산을 양도하면서 먼저 양도한 자산의 소득금액을 합산해 신고하지 않은 경우

3. (양도소득세 신고 의무자) 상장주식 대주주, 비상장주식 주주

4. 단, 국외주식과 손익통산을 하는 경우는 확정신고 대상

확정신고 대상자는 홈택스나 손택스를 통해 전자신고하거나, 신고서를 서면으로 작성해서 주소지 관할 세무서에 제출하면 됩니다. 전자신고를 이용하면 예정신고 내역을 확인할 수 있도록 신고항목이 미리 채워져 있으며, 파생상품의 경우 양도가액부터 납부세액까지 모두채움서비스를 제공하고 있어 간편하게 신고할 수 있습니다.

부동산을 팔 거면,
언제 세무사를 만나야 하나?

세알못 – 세무대리인은 도대체 언제 만나야 하나요?

택스코디 – 상담을 하고 싶어도 언제 상담을 해야 할지 몰라 절세 타이밍을 놓치는 경우도 많습니다. 더는 손을 쓸 수가 없을 때 비로소 세무사를 찾는 경우도 허다합니다.

결론부터 말하자면 '돈이 움직이기 전'에 상담을 해야 합니다. 세상의 모든 경제적 활동뿐만 아니라 비경제적 활동에도 돈은 끊임없이 움직입니다. 그 돈에는 늘 세금이 따라 다닌다고 생각하면 언제 상담을 해야 할지 감이 올 것입니다.

세알못 – 그럼 부동산을 사거나 팔 때, 세무대리인을 찾아야 할

타이밍은 언제일까요?

택스코디 – 바로 부동산 매매 계약하기 전입니다. 계약하면 계약금이라는 돈이 움직이고, 그때부터 세금 문제가 발생하기 때문입니다.

세알못 – 그럼 사업을 시작하는 사람은 언제부터 세금 문제를 고민해야 하나요?

택스코디 – 마찬가지 이유로 사업을 준비할 때부터입니다. 사업을 준비하는 과정에서 돈이 나가기 때문입니다. 사업 준비를 위해서 지출한 비용에 대해 비용인정을 받으려면 어떻게 해야 하는지, 꼭 세무대리인과 먼저 상담을 받아 세무적인 대책을 세워야 합니다.
사업을 시작하면 매출이 발생하고, 돈이 들어옵니다. 다시 말하지만, 돈이 움직이면 세금 문제가 따라오므로 매출이 발생하기 전에 미리 대비해야 합니다.

사업을 해서 돈을 벌면 사업소득세가 발생하고, 회사에 근로를 제공하고 돈을 벌면 근로소득세가 발생하고, 부동산을 팔고 돈을 벌면 양도소득세가 생깁니다. 또 자식에게 돈을 주면 증여세가 발생합니다. 다음 표를 보면 돈이 움직이면 세금이 따라다니는 걸

확인할 수 있고, 돈이 움직이는 명목에 따라 세금 명칭만 달라질 뿐이라는 것을 확인할 수 있습니다.

명목	세금 명칭
사업	사업소득세, 부가가치세
근로 제공	근로소득세
연금 수령	연금소득세
부동산 이전	양도소득세
저축	이자소득세
투자	배당소득세
생존시 무상	증여세
사망시 무상	상속세

다시 강조하지만, 돈이 움직이면 늘 세금 문제가 발생한다는 사실을 알고 있어야 합니다. 결국, 명목이 어떻든 상관없이 세금의 이름만 달라질 뿐 돈이 움직이면 세금은 발생합니다. 따라서 이런 세금 문제가 발생할 가능성을 예측하고 대비하는 게 절세를 위한 길입니다.

세무사를 만나야 하는 최적의 타이밍은 돈이 움직이기 전이라는 걸 알고 있는 게 절세의 첫걸음입니다.

⊘ 알아두면 쓸모 있는 세금 용어, <세무사의 특별한 서비스>

> • 각종 재무설계 컨설팅
> 자녀에게 재산을 이전할 때 절세를 통한 부의 이전, 부담부증여 등을 이용한 부의 이전, 자산 증식을 위한 재무설계 컨설팅, 부동산의 취득, 보유, 매도의 전 과정에 걸친 절세 컨설팅, 다양한 자산운용 방법에 대한 안내 등 각종 재무 컨설팅을 제공하고 있습니다.

수익률 분석에서
가장 중요한 부분이 세금이다

진정한 이익을 구하려면 기회비용과 세금까지 고려해서 계산해야 합니다. 보통 사람들은 기회비용까지는 고려합니다. 그런데 세금은 나중의 일이라고 생각하고, 너무 안일하게 대처하기도 하고, 심지어 알고 싶어 하지 않는 일도 있습니다. 세금 문제는 빨리 알아보면 알아볼수록 수익률 파악과 투자의사 결정에 긍정적인 영향을 미칠 수 있습니다.

그러므로 진정한 이익은 절세에서 나옵니다. 탈세하면 가산세 때문에 배보다 배꼽이 커질 수 있고, 절세를 못 하면 밑 빠진 독에 물 붓는 것과 같습니다.

많은 사람이 임대 목적으로 부동산을 취득하고 소득세 신고할 때 놀라고, 그 후 건강보험료 정산금이 나올 때 또 놀라는 경우를

세무사 사용 메뉴얼

자주 봅니다.

　부동산을 취득하기 전부터 관심 부동산을 취득하고 보유 및 임대하면서 발생하는 세금과 나중에 처분할 때 발생하는 세금까지 분석해야 정확한 수익률이 나옵니다. 수익률 분석에서 가장 중요한 부분이 세금입니다. 세법 개정으로 생각지도 못한 변수가 발생할 수도 있고, 잘못된 세법 지식으로 사업 시작 전부터 틀린 의사결정을 하는 때도 있습니다.

　특히 수익률 분석 같은 경우에는 세법 규정을 정확히 이해하고, 앞으로 어떤 추세로 변경될지도 모른다는 판단까지 할 줄 알아야 합니다. 그래야 세무사를 만나 대화가 가능하고 합리적인 의사결정이 가능해집니다. 단순히 전문가라는 이유로 믿고 맡기는 게 아니라 일종의 크로스 체크를 하는 거죠. 의견이 일치하면 그대로 밀어붙이면 되고, 의견이 갈리면 그 이유를 찾아보고 더 나은 투자 결정을 해야 합니다. 특히 부동산 세금이라면 발생하는 세금이 한두 푼도 아니고, 수천만 원이 왔다 갔다 할 수 있으니 더 신중해야 합니다.

　대부분 사람이 수익률을 계산할 때 투자한 실투자금 대비 발생한 수익만으로 계산하곤 합니다. 조금 더 꼼꼼히 수익률을 계산하는 사람들은 중개사 수수료와 법무비, 취득세까지 포함하기도 합니다. 제대로 된 세테크는 양도소득세, 종합소득세, 재산세 등 이후의 세금까지 고려하는 것입니다. 어차피 최종 수익은 세금을 내고 난 세후 이익이기 때문입니다. 다음 예를 한 번 봅시다.

1억 원짜리 상가(대출금 7천만 원)를 사서 보증금 2천만 원에 월세 30만 원으로 세를 놓았다가 1억 2천만 원에 팔았다고 가정하여 계산해 봅시다.

- 실투자금: 매입금액 1억 원 - (대출금 7천만 원 + 보증금 2천만 원) = 1천만 원
- 월세수익: 30만 원 × 12개월 - 대출금 7천만 원 × 대출금리 연 3.0% = 150만 원
- 매매 수익: 매도가 1억 2천만 원 - 취득가 1억 원 = 2천만 원

- 임대수익률: (월세 순이익 150만 원 / 실투자금 1천만 원) × 100 = 15%
- 매매수익률: (매매 수익 2천만 원 / 실투자금 1천만 원) × 100 = 200%

많은 사람이 이런 식으로 수익률을 계산하고, 나쁘지 않다고 결

론 내립니다. 그러나 실제로는 매입, 매도, 월세에 대한 중개수수료, 등기비용, 법무비, 도배•장판 등의 수리비용으로 대략 250만 원은 더 지출될 것입니다. 그뿐 아니라 상가를 살 때 취득세, 보유 시 재산세, 팔 때 내는 양도소득세, 임대수익에 대한 종합소득세 등도 생각해야 합니다. 이 모든 세금을 합쳤을 때 약 300만 원이라고 가정하면, 각종 비용과 세금을 더해 550만 원의 돈이 더 지출되었습니다. 다시 계산해 보겠습니다.

- 실투자금: 매입금액 1억 원 − (대출금 7천만 원 + 보증금 2천만 원) + 세금 포함 각종 비용 550만 원 = 1.550만 원
- 월세수익: 150만 원 (상동)
- 매매수익: 매도가 1억 2천만 원 − 취득가 1억 원 − 세금 포함 각종 비용 550만 원 = 1,450만 원

- 임대수익률: (월세 순이익 150만 원 / 실투자금 1,550만 원) × 100 = 9.7%
- 매매수익률: (매매 수익 1,450만 원 / 실투자금 1,550만 원) × 100 = 94%

어떤가요? 세금과 비용을 포함해서 다시 계산해 보니 훨씬 낮

은 수익률이 나왔습니다. 보다시피 세금은 투자자의 최종수익률을 결정하는 중요한 요소입니다.

　참고로 상가가 아닌 주택을 매입할 때도 미래에 그 주택을 양도할 때 1세대 1주택 비과세 요건이 되는지, 아니면 일시적 2주택 비과세 특례 적용이 되는지 등을 미리 파악해야 합니다. 물론 세법은 매년 바뀌므로 늘 관심을 가지고 친한 세무사를 곁에 두고 꾸준한 자문을 구하는 것도 좋은 방법입니다.

⊘ 알아두면 쓸모 있는 세금 용어, <양도소득세 비과세>

비과세란 정부가 과세권을 포기한 것으로, 비과세 대상인 납세자는 세금을 한 푼도 내지 않아도 되고 신고조차 할 필요가 없습니다. 부동산 세테크의 꽃은 바로 양도소득세와 비과세입니다. 많은 사람이 1세대 1주택자가 2년간 보유한 주택을 팔면 무조건 비과세라고 생각하지만, 그렇게 일을 처리하다간 세금 폭탄을 맞을 수도 있습니다. 아래 체크 사항 중 한 가지만 누락 돼도 비과세가 불가합니다.

국내 거주자, 1세대, 양도일 현재, 1주택, 2년 이상 보유 (조정지역 내 2년 거주요건)

위 조건에 맞지 않아도 비과세로 인정해주는 예외 조항도 있습니다. 가령 공익사업법에 의해 수용되는 부동산일 때 2년을 보유하지 않아도 비과세 적용이 가능합니다. 이런 예외적인 경우의 수가 30개도 넘으니 꼼꼼히 살펴볼 필요가 있습니다.

저가양도가 증여보다 낫다

과세당국은 특수관계자 간의 저가 거래에 대해 일정 범위를 벗어나면 이를 부인하고 시가 대로 계산 시 나오는 세금을 부과합니다. 이를 부당행위계산 부인 규정이라고 하는데 저가양도뿐만 아니라 고가 양수의 경우에도 적용됩니다. 저가양도에 초점을 맞춰서 설명하자면 특수관계자 간 거래로서 시가보다 낮은 가격, 즉 저가로 자산을 양도할 때 실제로 거래된 거래가액을 무시하고 시가에 따라 계산한 양도소득세를 부과합니다.

부당행위계산의 부인 규정에 있어서 저가의 범위는 시가와의 차액이 3억 원 이상이거나 5% 이상 경우를 의미합니다. 예를 들어 시가 10억 원인 아파트의 경우 5% 적게 거래를 한다면 9억 5,000만 원이 하한선입니다. 만약 9억 원에 거래한다면 부당행위계산의 부인 규정이 적용되어 실제 9억 원 거래는 무시되고 시가 인 10억 원으로 다시 계산해서 양도소득세를 부과하는 것입니다. 60억 원 이상 자산의 경우에는 5%뿐만 아니라 3억 원 이상 차이 가 나는지도 따져봅니다.

세알못 - 세금 공부를 통해서 부당행위계산 부인 규정이 존재한 다는 사실을 알았고, 특수관계인 상 저가양도를 할 때는 주의가 필요하다고 생각했습니다.

그렇지만 며칠 전 상담한 세무대리인은 저가양도가 양도소득세 측면에 있어서 항상 불리한 것은 아니라고 말했습니다. (이럴 때 '역시 전문가는 다르구나'라고 생각합니다.)

택스코디 - 세무대리인과 상담을 하기 전에 미리 사전 지식을 공부하 고 가는 것이 중요합니다. 그럼 좀 더 나은 계획을 짤 수가 있습니다.

크게 두 가지의 경우엔 저가양도를 해도 문제가 없을 수 있는 데, 우선 첫 번째는 양도소득세 비과세인 경우입니다. 어차피 양 도소득세가 비과세이거나 12억 원까지 비과세라는 혜택을 받을 수 있는 경우라면 양도소득세 자체가 큰 부담이 아니라서 부당행 위계산 부인 규정이 적용되든 안 되는 큰 문제가 되지 않습니다.

또한 두 번째는 저가양도를 하고 양도소득세는 시가만큼을 부담해 이익이 없지만, 대신 증여세를 아끼는 효과를 얻을 수 있는 경우입니다. 5%만 벗어나도 시가로 다시 계산하므로 양도소득세는 줄일 수 없지만, 어차피 양도소득세가 없는 비과세이거나 예상한 양도소득세를 부담하면 저가로 자녀에게 양도할 수 있으니 자녀가 이익을 볼 수 있습니다.

증여세의 경우 특수관계자 간 저가양수에 따른 이익의 증여 규정은 시가보다 30% 이상 차이가 나거나 3억 원 이상 차이가 날 때 적용합니다. 시가와 거래가액, 즉 저가와의 차액에 시가의 30%와 3억 원 중 적은 금액을 뺀 금액을 증여받은 것으로 보아 증여세를 부과하는 것입니다.

예를 들면 시가가 10억 원인 아파트를 8억 원에 거래한다면 시가의 30% 범위 안에 있고, 그 차이가 3억 원이 안 되므로 증여세 문제는 발생하지 않습니다. 그런데 거래가액이 6억 원이라면 시가의 30%도 벗어나고 3억 원 이상 차이도 발생합니다. 이런 경우에는 해당 규정이 적용되어 시가의 30%와 3억 원 중 적은 금액(이 경우 똑같이 3억 원)을 뺀 1억 원(4억 원 − 3억 원)에 대해 증여세가 부과됩니다.

세무사 사용 메뉴얼

조금 더 구체적인 사례를 통해 저가양도 시 양도소득세, 증여세가 어떻게 부과되는지 따져봅시다. 10년 전 5억 원에 취득한 아파트가 현재 시가가 10억 원이 됐습니다. 다주택자인 이 아파트의 소유자가 다른 사람에 시가대로 10억 원에 양도한다면 양도소득세는 1억 4,600만 원 정도가 발생합니다. 세금을 내고 남은 돈 중 4억 원 정도를 자녀에게 증여한다면 증여세는 5,800만 원 정도 나옵니다. 즉, 팔아서 자녀에게 4억 원의 재산을 이전하는데 총 2억 400만 원 정도의 세금이 발생합니다.

저가양도의 경우 아파트를 다른 사람에 양도하지 않고 자녀에게 시가보다 훨씬 낮은 6억 원에 거래하면 자녀는 10억 원의 아파트를 6억 원에 취득하게 되므로 4억 원의 이익이 발생합니다. 이때 시가 10억 원에 5%를 벗어났기 때문에 양도소득세 부당행위계산부인 규정이 적용되어, 시가 10억 원을 기준으로 계산한 양도소득세 1억 4600만 원이 부과됩니다.

또, 시가 10억 원에 30%도 벗어났기 때문에 저가 양수에 따른 이익의 증여규정도 적용되지만, 시가와 저가의 차이에 30%와 3억 원 중 적은 금액을 뺀 금액만 과세하기 때문에 4억 원에 3억 원을 뺀 1억 원만 증여세로 내야 하는데, 그 금액은 500만 원 정도에 불과합니다. 양도소득세와 증여세 합계는 총 1억 5,100만 원이 발생해 자녀는 똑같이 4억 원의 이익을 얻었고 저가양도를 이용할 경우 절세효과가 5,300만 원 정도가 발생하게 되는 것입니다.

정리하면 5%를 벗어나고 30%를 벗어나서 두 규정이 적용되더라도 절세효과를 볼 수 있는 상황도 있으므로 사례별로 꼼꼼히 따져봐야 합니다.

✅ 알아두면 쓸모 있는 세금 용어, <특수관계인>

특수관계인의 범위는 다음과 같습니다.

• 혈족, 인척 등 대통령령으로 정하는 친족 관계: 6촌 이내의 혈족, 4촌 이내의 친척, 배우자 (사실상의 혼인 관계에 있는 자를 포함), 친생자로서 다른 사람에게 친양자, 입양된 자 및 그 배우자, 직계비속

• 임원, 사용인 등 대통령령으로 정하는 경제적 연관 관계: 임원과 그 밖의 사용인, 본인의 금전이나 그 밖의 재산으로 생계를 유지하는 자와 생계를 함께 하는 친족

• 주주, 출자자 등 대통령령으로 정하는 경영지배 관계: 본인이 직접 또는 그외 친족 관계 또는 경제적 연관 관계에 있는 자를 통하여 법인의 경영에 대하여 지배적인 영향력을 행사하고 있는 경우 그 법인, 본인이 직접 또는 그외 친족 관계, 경제적 연관 관계 또는 가족의 관계에 있는 자를 통하여 법인의 경영에 대하여 지배적인 영향력을 행사하고 있는 경우 그 법인

이혼하기 전에 만나자

이혼은 해마다 증가하고 있습니다. 이혼하면 늘 분쟁의 대상이 되는 게 재산분할 문제입니다. 여기서 세금문제가 발생합니다. 따라서 협의이혼을 하든, 법정이혼을 하든 이혼하기 전에 꼭 세무사를 만나서 재산분할로 인한 세금문제를 의논해야 합니다.

위자료 명목으로 넘겨주는 부동산에 대해 소유권이전등기를 어떻게 하냐에 따라서 세금문제가 매우 달라집니다. 등기원인을 '이혼위자료의 지급' 또는 '재산분할청구에 의한 소유권 이전' 또는 '증여'로 할 수 있습니다. 대부분 책에서는 절세를 위해 '재산분할청구에 의한 소유권 이전 방식'으로 하라고 합니다.

하지만 재산분할을 하고 난 후 타인에게 양도한다면 어떻게 될까요? 이런 문제는 일방적으로 어떻게 해야 절세한다고 말할 수

세무사 사용 메뉴얼

없습니다. 자산의 크기와 종류 그리고 그 자산을 언제쯤 어떤 방식으로 처분할 것인지에 대한 깊이 있는 상담 후에 절세에 대한 안내가 있어야 합니다. 이혼 당사자의 차후 자산 운영 목표나 계획에 따라서 세금 문제가 매우 달라지기 때문입니다. 다시 말하지만, 절세 계획은 장기적이고, 거시적인 안목에서, 또 다양한 각도에서 검토해야 합니다.

이혼 진행 중 재산을 분할하는 과정에서 배우자의 증여재산공제가 6억 원에 해당하더라도 재산의 크기에 따라서 증여세 문제가 발생할 수 있고, 증여세 문제가 발생하면 나중에 분할된 재산을 팔 때 그 재산의 취득시기와 취득가액의 문제가 발생할 수 있습니다. 따라서 사전에 세무사와 논의해서 훗날 발생할지도 모를 세금 문제를 상의한다면 증여세 문제뿐만 아니라 그밖에 생각지도 못한 세금 문제를 피할 수 있을 것입니다. 다음 사례를 한 번 살펴봅시다.

"전남편의 지속적인 외도와 이혼 요구, 늘 이 지옥에서 벗어나고 싶었지만, 그럴 수 없었어요. 제 아이들과 연로하신 시아버지를 보며 가정은 끝까지 지키고 싶었거든요.
결국 저는 남편의 끈질긴 이혼 요구를 받아들였습니다. 재산분할 과정에서 저는 위자료 명목으로 땅이 딸린 건물을 받았습니다.

아무것도 없는 금수저였죠. 흥청망청 놀러 다니느라 저에게 줄 수 있는 현금은 한 푼도 없었기 때문에 시부모님에게 상속받은 부동산을 준 거예요. 건물마저도 제가 온전히 다 받은 게 아니라 6:4의 비율로 저는 40%만큼 배분받았어요.

덕분에 아이들 양육비와 생계비는 어느 정도 해결할 수 있었어요. 그 긴 세월 저도 고생할 만큼 했다 싶고, 아이들도 다 크고 나니 할 일을 다 한 것 같다는 생각이 들어 건물을 팔게 됐어요. 그렇게 잘 지내고 있었는데 3년쯤 지났을까, 갑자기 국세청에서 양도소득세 세무조사가 나왔어요.

제가 양도한 건물이 증여로 받은 건물이기 때문에 양도 시 취득가액도 이에 맞춰 신고했어야 했고, 증여세도 내야 한다고 하더군요. 천천히 살펴보니 가장 큰 화근이 된 건 부동산을 받으면서 소유권 변경등기를 '위자료'가 아닌 '재산분할'로 한 것이었어요. 나중에 알고 보니 상속으로 받은 건물에 대해서는 특별히 재산 형성에 기여한 바가 있는 게 아닌 이상 재산분할 대상이 될 수 없다고 해요.

세무사 사용 메뉴얼

국세청은 제가 받은 건물이 재산분할이라 볼 수 없고, 위자료라 하기에도 금액이 너무 크기 때문에 증여라고 했어요. 협의이혼을 하면서 명백하게 이혼 위자료로 받은 금액인데 어이가 없었습니다. 이혼 위자료는 가장 이혼이 아닌 이상 증여세 과세대상에서 제외되어 있다고 들었어요. 위자료는 손해배상의 대가로 받는 것이기 때문에 증여는 아니라는 거죠.

억울한 마음에 조세심판원에 심판청구를 제기했지만, 국세청의 입장은 변함없었습니다. 저는 결국 증여세에 대한 납부불성실가산세까지 내게 됐어요."

⊘ 알아두면 쓸모 있는 세금 용어, <위자료 VS 재산분할>

부부가 이혼하면서 재산이 상대방에게 이전되는 건 크게 위자료와 재산분할로 나눠 볼 수 있습니다.

먼저 위자료는 어느 일방의 위법한 행위에 따라 상대방이 입은 정신적 손해에 대해 배상하는 것입니다. 유상의 대가를 지급하는 성질상 증여로 볼 수 없어 위자료를 받는 사람이 별도로 증여세를 부담하지 않습니다.

다만 현금이 아니라 아파트 같은 부동산의 소유권을 이전해 위자료를 지급하는 경우 대물변제에 해당해 위자료를 주는 사람이 그 부동산의 양도차익에 대한 양도소득세를 내야 합니다. 쉽게 말해 부동산을 팔아서 현금으로 자신의 채무를 갚는 것과 비슷하기 때문입니다. 부동산 등의 소유권 이전이 발생하는 이상 위자료를 받는 사람도 지방세법상 취득세, 지방교육세, 농어촌특별세를 내야 합니다.

한편 민법은 배우자의 재산분할청구권을 규정하고 있습니다. 이는 부부의 협력으로 형성된 공동재산을 청산하는 한편 부양의무를 이행한다는 취지입니다. 과거엔 재산분할에 대해서도 증여세가 부과되던 때가 있었으나 법 개정으로 현재는 부과되지 않습니다. 재산분할은 애당초 부부가 공동으로 취득한 재산을 청산하는 것인데, 여기에 증여세를 부과하면 사실상 이혼의 자유가 보장되기 어렵기 때문입니다. 다만 부동산 등에 대한 소유권 이전이 이뤄지므로 재산분할을 받는 사람이 지방세법상 취득세 등은 내야 합니다.

이혼하면서 부동산 소유권을 이전할 때 일반적으로 위자료보다 재산분할로 하는 게 유리하다고 알려져 있는데, 당사자별로 이해관계가 다를 수 있습니다. 지급자는 부동산에 대한 양도소득세를 부담하지 않으므로 재산분할이 유리하지만, 받는 이는 추후 해당 부동산을 양도할 때 재산분할 시점의 가액이 아니라 지급자가 부동산을 취득했을 당시의 가액이 적용돼 양도차익이 늘어날 수 있습니다.

세무사 사용 메뉴얼

예컨대 부인이 재산분할로 받은 아파트를 추후 매도할 경우 부인이 부담할 양도소득세는 남편이 아파트를 구입했을 때의 취득가액을 기준으로 산정합니다. 반면 부인이 위자료로 받은 아파트를 매도할 때는 위자료 지급 시점에 원칙적으로 남편이 양도소득세를 내고 그 양도가액이 아내의 취득가액으로 인정되므로 부인의 양도소득세가 감소할 여지가 있습니다.

따라서 조세 부담을 검토할 때는 분할 대상이 되는 재산의 시가가 어떻게 변동돼 왔는지, 1가구 1주택이 인정되는지, 장기보유특별공제가 적용되는지 등의 상황을 종합적으로 고려할 필요가 있습니다. 어떤 때는 위자료 및 재산분할이 아니라 6억 원의 배우자 공제가 적용되는 증여 방식이 더 유리할 수도 있습니다.

마지막으로 실제 위자료 지급 또는 재산분할의 근거가 현저히 부족함에도 단지 양도소득세 및 증여세를 탈루할 목적으로 그 형식만 위자료 또는 재산분할로 해 재산을 상대방에게 이전하는 경우 실질 과세원칙에 따라 과세대상이 될 가능성이 있으므로 주의해야 합니다.

알아두면 쓸모 있는
세무사 사용 메뉴얼,
상속·증여

합법적으로 최대한 절세를 하고 싶다면

탈세의 유혹은 달콤하죠. 또, 한번 시작하면 멈출 수가 없습니다. 그래서 애초에 발을 들이지 말아야 합니다.

세알못 – 그렇다면 합법적으로 절세하려면 어떻게 해야 하나요?

택스코디 – 세금 공부를 해야 합니다. 국세청이 제공하는 자료에도 절세 제도를 안내하는 내용이 많습니다. 그중 자신의 상황에 맞는 것을 찾아내서 실수 없이 적용하기 위해서는 꽤 많은 양의 지식과 경험이 필요할 수도 있습니다. 그래서 제대로, 또 합법적으로 절세를 하고 싶다면 공부부터 해야 합니다.

하지만 대부분 사람은 세금을 공부할 시간이 없을 것입니다. 직장 다니기도 너무 바쁩니다. 그래서 있는 것이 회계사와 세무사 같은 세무대리인 제도입니다. 이들을 잘 활용하는 것도 방법입니다. 시중 회계 사무실은 크게 세 가지로 나눌 수 있습니다.

- 부동산형: 부동산 세금을 전문으로 처리하는 곳
- 박리다매형: 사업자 세금을 싼 가격에 처리하는 곳
- 고가기장형: 박리다매형과 비슷하지만, 더 비싼 요금으로 처리하는 곳

대부분 회계사무실은 이 중 한 군데만 포함되기보다 두세 군데에 걸친 교집합에 속해있을 것입니다. 그러나 설명의 편의상 세 가지로 나눠 살펴봅시다.

먼저 부동산형 세무사무소는 주로 양도소득세, 상속세, 증여세 등 부동산 관련 세금을 전문적으로 처리하는 회계사와 세무사가 운영합니다. 따라서 일반적으로 사업자 세금 신고에 큰 관심이 없는 경우가 많습니다.

부동산형을 제외한 일반적인 사업자 세금을 많이 담당하는 세무사무소는 크게 박리다매형과 고가기장형으로 다시 나눌 수 있는데, 가장 큰 차이는 청구하는 월 수수료입니다.

세알못 – 그렇다면 합법적으로 최대한 절세를 하고 싶다면 어떤 세

세무사 사용 메뉴얼

무사무소를 찾아가야 하나요?

택스코디 - 상식적으로 생각해 봅시다. 고가기장형인데 돈값을 못하면 그 세무사무소는 1~2년을 버티기 어려울 것입니다. 큰돈을 내고 그곳에서 서비스를 받는 이유는 단 한 가지 아닐까요. 돈값을 하기 때문이죠.

합법적인 절세를 하고 싶다면, 그에 맞는 수수료를 지급하고 제대로 된 서비스를 받기를 추천합니다. 자신이 낸 수수료보다 훨씬 큰 효익을 얻을 수 있을 것입니다. 그렇지 않고는 그 세무사무소가 문을 닫지 않고 버틸 수 있을까요?

☑️ 알아두면 쓸모 있는 세금 용어,
<주택의 취득, 양도, 상속, 증여 시 세금 신고 일정>

〈주택 취득 시 세금 신고 일정〉

● 계약체결(30일 이내) – 지자체에 부동산 거래신고(공인중개사, 양도·양수인), 자금조달계획서 제출(실거래가 6억 이상, 투기과열지구·조정대상지역 모든 주택, 법인 매수의 경우 지역·거래 가격 관계 없이 모든 주택) + 증빙자료 첨부(투기과열지구 모든 주택)

● 잔금청산(60일 이내) – 지자체에 취득세 신고·납부 (상속은 6개월 이내), 등기소에 등기 신청

〈주택의 양도·상속·증여 시 세금 신고 일정〉

	양도소득세	상속세	증여세
	양도일(잔금청산일)	상속개시일(사망일)	소유권이전등기 접수일
신고 납부 기한	• 예정신고: 양도일이 속하는 달의 말일부터 2개월 이내(부담부증여 3개월 이내) • 확정신고: 양도한 연도의 다음연도 5.1.~5.31.까지	상속개시일이 속하는 달의 말일부터 6개월 이내	증여받은 날이 속하는 달의 말일부터 3개월 이내
필요 서류	• 매매계약서 • 자본적지출액 및 양도비명세서 등	• 상속인 간 협의분할서 • 제적등본 및 가족관계기록사항에 관한 증명서 • 채무 사실을 입증할 수 있는 서류 등	• 증여계약서 • 가족관계기록사항에 관한 증명서 등

세무사를 만날 수 없다?

세알못 – 단도직입적으로 좋은 세무사를 고르는 방법은 어떻게

되나요?

택스코디 – 납세자에게 절세라는 경제적 이득을 안겨줄 좋은 세무사

를 찾는 방법은 다음과 같습니다.

1. 세무사를 만날 수 없는 사무실은 피하자

명의대여로 운영하는 무자격사무실을 피합시다. 이런 곳은 보
장되지 않는 서비스의 질과 무책임함으로 위험합니다. 명의대여
하는 세무사 이름이 자주 바뀌는 경우도 생깁니다. 상담은 세무사
와 직접하는 게 좋습니다. 처음 영업할 때만 보이다가 기장의뢰를
한다거나 막상 세무 업무를 의뢰한 후부터 전화통화도 힘든 세무

사는 피하는 게 좋습니다.

2. 구체적인 전문 분야가 있는 세무사를 찾자

업종은 다양하고, 세무의 종류도 다양합니다. 업종별 세무기장, 개인사업자 기장, 프리랜서 전문, 소득세 신고대행, 법인 기장, 세무조사, 조세불복 등 참으로 다양하고 복잡합니다. 세무사 한 사람이 다양하고 수많은 세법 분야를 수박 겉핥기식으로 어느 정도는 알 수 있어도 모두 다 잘하는 것은 거의 불가능합니다.

3. 세무법인과 개인사무실의 차이는 단지 이름 차이일 뿐이다

세무법인이라고 하면 법인이라는 단어 때문에 규모가 크고, 개인사무실은 규모가 작다고 생각하는 사람들이 많습니다. 우리나라에서 one-firm 형태의 법인을 운영하는 세무법인은 거의 없습니다. 대부분 세무법인 지점은 운영방식이 별산제나 독립채산제 방식으로 운영되므로 개인 세무사 사무실이라고 생각하면 됩니다. 제공되는 서비스도 세무법인과 개인사무실 간의 차이가 없습니다. 대표 세무사의 역량이나 실력이 중요한 것이지 세무법인이기 때문에 그 세무사의 능력이 더 뛰어날 것으로 생각하면 오산입니다.

4. 회계사무실 위치는 중요치 않다

과거에는 중요했을지 모르지만, 앞으로 가면 갈수록 사무실 위치의 중요도는 많이 낮아질 것입니다.

5. 상담하기 편하고 친절한 세무사를 찾자

실력이 바탕이 된 친절한 세무사를 찾아야 합니다.

6. 경력이 최소 2년 이상 된 세무사를 만나자

세무사에 합격하면 6개월 동안 수습 기간을 거칩니다. 수습과정은 체계적인 교육시스템을 통해서 이뤄지는 게 아닙니다. 수습 세무사들은 본인이 세무사 사무실이나 세무법인에 입사해서 실무를 배웁니다. 6개월 수습을 마쳤다고 모든 일을 할 수 있는 것도 아니고, 자신의 전문 분야라고 말할 수 있을 만큼 실력과 경험도 충분하지 않습니다. 그래도 어느 정도 자신의 전문 분야라고 말할 수 있는 경험과 실력은 합격하고 최소 2년은 지나야 합니다.

7. 사무실에 거의 출근하지 않는 세무사는 거르자

사무실에 거의 출근을 하지 않는 것은, 그 사무실이 본인 사무실이 아니거나 거래처에 대해 신경을 전혀 안 쓰고 있는 경우입니다. 세무사가 거의 자리에 없으므로 세금상담도 일반 직원이나 사무장과 해야 합니다. 그러므로 방문하기 전에 세무사 상담을 예약하고, 만약 세무사 상담이 불가능하다고 하면 다른 세무사를 찾아봅시다.

세무사 사용 메뉴얼

⊘ 알아두면 쓸모 있는 세금 용어, <상속순위, 법정상속분>

상속순위는 피상속인의 자녀나 손자, 손녀가 1순위, 부모 등 직계존속이 2순위, 형제자매가 3순위, 4촌 이내의 방계 혈족이 4순위가 됩니다. 배우자는 1순위와 2순위까지는 공동상속인이 됩니다.

가령 피상속인(사망자) A의 상속인으로 배우자와 자녀 2명, 손자, 손녀가 2명 있는 경우 상속 1순위는 직계비속인 자녀 2명과 손자, 손녀 2명이 해당합니다. 그러나 A의 손자, 손녀 2명은 원칙적으로 상속을 받을 수 없습니다. 민법은 같은 순위의 상속인이 여러 명인 경우, 촌수가 높은 최근친을 가장 우선으로 하고 같은 촌수인 동친의 상속인이 여러 명일 때는 공동상속인으로 보도록 정하고 있습니다. 이 경우 자녀 2명이 최근친으로서 공동상속인이 되기 때문에 손자, 손녀 2명은 자녀가 상속을 포기하는 때만 상속받을 수 있습니다. 물론 배우자는 자녀 2명과 함께 공동상속인이 됩니다.

법정상속이란 피상속인이 상속인을 지정하지 않고 사망했다면 법으로 그 상속지분을 정하는 것을 말합니다. 원칙적으로 같은 순위의 상속인이 여러 명일 때는 그 상속분이 모두 같은 것으로 봅니다. 단, 배우자의 상속지분에는 다른 상속인이 차지하는 상속지분의 5할을 가산합니다. 위의 경우라면 2명의 자녀와 함께 공동상속인이 된 A 씨의 배우자는 1.5 / 3.5 (자녀 1: 자녀 1: 배우자 1.5)의 비율로 법정상속분이 정해집니다.

갑작스러운 상속개시,
살펴야 할 사항은?

세알못 - 갑작스럽게 상속이 발생했습니다. 무엇부터 해야 하나요?

택스코디 - 먼저 사망한 가족의 재산 현황을 파악해야 합니다. '안심상속 원스톱 서비스'를 신청하면 지방세·자동차·토지·국세·금융거래·국민연금·공무원연금·사학연금 등 재산을 한 번에 확인할 수 있습니다. 조회 당일 기준으로 상속재산이 뭐가 있는지 리스트를 뽑을 수 있습니다.

다만 안심상속 원스톱 서비스는 사망 이후 최초로 뽑을 수 있는 기본적인 안일뿐입니다. 그것보다 더 중요한 알맹이들은 금융거래내역을 조회한 후 각 금융기관에서 받은 자료들을 봐야 합니다.

부동산은 등기를 보면 보유현황이 다 나오므로 사실 파악이 가능하지만, 채권, 채무 관계 등 포괄적인 재산 관계나 소득은 최근 10년 내 금융거래 내역을 보면서 확인할 필요가 있습니다.

이런 확인이 선행되면 세무사를 만났을 때 상황을 더 정확하게 전달할 수 있고, 세금에 대해서도 좋은 검토안이 나올 수 있습니다. 납세자가 세무대리인을 찾아가면, 세무사는 거꾸로 납세자에게 인터뷰해서 사실관계 파악에 대한 누락을 방지하는 과정을 거치게 됩니다.

참고로 상속세는 사망 6개월 이내에 신고해야 합니다. 상속세는 신고 결정 세목이 아니고 국가 결정 세목입니다. 최종적인 결정 권한은 과세관청에 있다는 뜻이죠. 조사든 서면 확인이든 과세관청에서 확인하는 과정을 거칩니다. 신고뿐 아니라 추후 세무서에 대응하고 소명하는 부분들까지 고려해야 한다는 점에서 사실관계 파악이 중요합니다.

다시 강조하자면 재산 관계에 대한 파악을 마친 후, 다음 스텝은 세무사에게 상담을 받는 것이 절세 측면에서 유리하다는 점입니다.

예를 들어 상속인 중에 부동산 등기를 먼저 하고 세무사를 찾아가는 사람들이 있습니다. 그보다 세무사를 먼저 찾아가서 합리적인 절세법을 찾은 뒤 등기를 하는 절차가 맞겠죠.

이렇게 세금에 대한 검토가 없이 일을 처리한 뒤 세무사를 찾으면 절세안 선택을 위해 재협의한 내용으로 등기를 다시 해야 하는 번거로움을 겪을 수 있습니다. 절세안을 선택하지 못한 채 신고기한을 넘겨 재분할 협의하는 상황도 있습니다.

상속세라고 하면 돌아가신 날의 재산만 생각하는 경우가 많은데 그렇진 않습니다. 금융거래내역을 조회해서 히스토리를 살펴볼 필요가 있다는 것도 이런 맥락입니다. 거래 내역을 확인하여 사실관계가 추정하고, 그걸 기반으로 상속재산에 포함이 될지, 안될지 정리를 하는 거죠.

세법상으로는 우선 10년 내 사전증여 받은 재산이 상속세 과세 대상이 포함됩니다. 추정상속, 간주상속이라는 것도 있습니다. 예를 들어 보험금이나 퇴직금 같은 경우 돌아가신 날 재산 잔고에는 안 들어가 있지만, 사망한 날 발생하기 때문에 상속재산에 들어갑니다. 경제적 이익을 상속인이 가져가기 때문에 결국 상속재산인 거죠.

또 돌아가신 분이 상속개시일 전 1년 내 2억 원, 2년 내 5억 원 이상의 현금을 뽑았을 때도 상속재산에 들어갈 수 있습니다. 어디에 썼는지 확실하지 않으면 상속받은 것으로 추정하는 거죠. 80% 이상 소명하지 못하면 일정 부분을 상속재산에 포함합니다.

결국, 일정 부분 세금을 낸다고 해도 미리 알고 계획하는 게 중요합니다. 모르고 지나가면 나중에 가산세를 내거나 무방비 상태로 국세청에서 말하는 부분들을 받아들여야 하는 상황이 됩니다.

갑작스러운 상속에는 세무사부터 만나보는 것이 좋습니다. 그들은 상속을 제일 많이 접하는 직군으로서 경제적 손익을 떠나 조언을 받을 수도 있습니다.

'상속세는 종합예술이다'라는 말이 있습니다. 여러 세목이 겹쳐져 있고 다양한 상황들이 섞여 있어서 상속과 증여를 많이 다뤄본 세무사가 제일 좋겠죠.

또 하나는 상속을 진행하다 보면 상속인 간 분쟁이 생길 수도 있습니다. 서로의 입장이 조금씩 다르므로 소통이 잘 안 되면 감정적으로 될 수도 있습니다. 세무대리인은 그런 부분에서 중간에 중심을 잡아줄 수 있어야겠죠.

✅ 알아두면 쓸모 있는 세금 용어, <추정상속재산>

과세당국은 피상속인 재산을 미리 빼돌려 상속세를 탈루하는 것을 막기 위해 추정상속재산이라는 제도를 두고 있습니다. 따라서 피상속인 사망 전에 예금을 인출하고 아파트를 팔아 몰래 숨겨둔다 하더라도 나중에 상속세를 추징당할 가능성이 매우 큽니다.

피상속인이 사망하기 2년 이내에 일정액 이상의 재산이 사라져 그 출처를 알 수 없으면 이를 상속세 회피를 위한 재산은닉으로 보고 사라진 재산에 대해 상속세를 부과하는 제도입니다.

이렇게 사라진 재산에 대해 상속세를 과세당하지 않기 위해서는 지출증빙 등 객관적인 자료에 의해 재산은닉이 아님을 자녀 등 상속인이 직접 소명해야 합니다. 이를 소명하지 못하면 과세당국은 없어진 재산을 미리 빼돌린 것으로 보고 여기에 상속세를 부과하는 것입니다.

〈추정상속재산으로 보는 기준〉

피상속인의 재산을 처분 또는 인출 재산이 다음 하나이면서 그 내역이 명백하지 않은 경우
● 상속개시일 전 1년 이내 재산 종류별로 2억 원 이상
● 상속개시일 전 2년 이내 재산 종류별로 5억 원 이상
재산종류 (종류 1: 현금, 예금, 유가증권(금융자산), 종류 2: 부동산 및 부동산에 관한 권리(부동산자산), 종류 3: 종류 1·2 이외의 기타 재산(기타자산))

상속주택 가격을 바꿔 절세하자

부동산을 상속받는 경우 상속세 신고를 어떻게 하느냐에 따라 세금이 크게 달라진다는 특징이 있습니다. 상속세 신고는 당장 상속 시점의 세금은 물론 미래에 재산을 양도할 때의 세금까지도 동시에 영향을 주기 때문이죠.

신고된 상속재산의 가치가 낮으면 당장 상속세 부담이나 취득세 부담은 줄지만, 추후 상속재산을 팔 때 양도차익이 늘어나 양도소득세 부담이 클 수 있습니다. 반대라면 상속세 부담은 늘 수 있지만, 미래 양도세 부담은 덜게 됩니다. 이 정도는 미리 알고 세무대리인과 상담을 해야 합니다.

세알못 - 그렇다면 상속받은 부동산 가격을 마음대로 조정할 수 있다는 건가요?

택스코디 – 상속은 실제 거래된 것이 아니기에 상속인이 그 가치를 평가해서 어느 정도 가격조정을 할 수 있다는 것도 특징입니다. 바로 감정평가를 활용하는 방법입니다.

세법에서는 기본적으로 상속개시일(사망일) 현재 '시가'로 상속재산을 평가하도록 하고 있습니다. 그런데 상속받은 부동산은 실제로는 거래된 것이 아니어서 시가를 확인하기 어렵다는 문제가 있습니다.

시가는 매매가격을 가장 우선하지만, 상속받자마자 6개월 이내(신고기한)에 주택을 팔지 않는 이상, 매매가격은 상속재산 시가에서 제외된다고 볼 수 있습니다.

따라서 세법에서는 후순위로 감정평가액이나 수용 및 보상가격을 상속재산의 시가로 볼 수 있도록 하고 있습니다. 다음으로 유사매매사례가액이 있는 경우에는 그 가격을 시가로 보고 상속재산을 평가할 수 있도록 합니다.

이마저도 없다면 보충적 평가방법인 공시가격(기준시가)을 시가로 볼 수 있습니다. 공시가격은 일반적인 시가보다는 낮은 가격이라는 특징이 있죠.

대부분 상속세를 신고할 때, 상대적으로 낮은 가격인 기준시가로 신고를 하게 됩니다. 공익사업에 부동산이 수용되거나 경매 및 공매로 넘어가는 경우는 드물고, 공동주택이 아닌 이상 유사매매 사례가액을 찾기도 쉽지 않기 때문입니다.

특히 가장 낮은 가격인 기준시가로 신고하는 경우 당장 상속세 부담을 줄일 수 있다는 장점도 있기 때문이죠. 하지만 상속재산의 낮은 신고가격은 추후 재산을 팔 때, 양도차익을 키워서 양도소득세가 늘어날 가능성도 키웁니다.

그래서 최근에는 감정평가를 받아서 상속주택의 취득가격을 높이는 것이 절세법으로 종종 활용되고 있습니다. 감정평가는 상속인이 자의적으로 평가를 받을 수 있다는 장점도 있습니다.

예를 들어 공시가격 6억 원인 주택을 상속받아서 공시가격대로 상속 신고를 했다고 가정해 보겠습니다. 일괄공제와 배우자 등 상속인들의 상속공제금액을 생각하면, 상속세 부담은 거의 없습니다. 하지만 이 주택을 5년 뒤에 실거래가격 16억 원에 판다면 양도차익이 10억 원에 대해 양도세를 내야 하는 큰 부담이 생깁니다.

만약 상속 당시 이 주택을 12억 원에 감정평가를 받아 상속 신고를 했었다면, 양도차익은 4억 원으로 줄어듭니다. 감정평가를 받는 쪽의 양도세 부담이 확실히 유리해지죠.

하지만 이런 가정은 어디까지나 부동산의 가격이 계속해서 오른다는 것을 전제하고 있습니다. 지금처럼 부동산 가격이 내리막일 때 상속받았거나 가격 변동이 별로 없는 외진 곳의 부동산을 상속받았다면 이런 절세효과는 크게 줄어들거나 사라질 수 있습니다.

기준시가와 매매가격의 차이에 따른 양도차익이 있을 수 있지만, 그 간격은 좁혀지겠죠. 따라서 감정평가를 통한 절세법은 여러 가지 변수를 고려해야 합니다.

특히 상속인의 주택 보유현황과 상속주택의 가격도 중요한 변수입니다. 상속인이 무주택자라면 상속주택을 팔더라도 1세대 1주택자로서 12억 원까지 양도세 비과세 혜택을 받을 수 있습니다.

상속인이 1세대 1주택자였더라도 기존 주택을 먼저 팔고, 나중에 상속주택 1채만 있을 때 팔 때도 양도세 비과세 대상이 될 수 있죠.

이렇게 어차피 상속인이 비과세를 적용받을 수 있는 환경이라면 굳이 감정평가를 받아서 상속가액을 높일 필요는 없을 것입니다. 부동산 외 다른 상속재산도 있다면, 자칫 상속세 부담만 키울 수 있기 때문입니다.

만약 토지를 상속받았다면 토지의 양도세 감면 부분도 챙겨보고 판단해야 합니다. 돌아가신 분이 8년 이상 스스로 농사를 짓던 땅을 상속받았다면, 8년 자경감면으로 1억 원에서 최대 2억 원(5년간)까지 양도세액을 감면받을 수 있기 때문이죠.

이런 경우, 감정평가를 받지 않고 기준시가로 신고하는 것이 상속세 부담과 양도세 부담 모두를 줄이는 방법이 될 겁니다.

그럼에도 감정평가가 유리한 측면은 또 있습니다. 기준시가대로 신고했다가 뒤늦게 유사매매사례가 발견될 수 있다는 점 때문입니다. 매매사례, 감정가액, 수용보상가격이 없는 경우는 유사매매사례도 상속재산의 평가방법으로 활용할 수 있기 때문입니다.

유사매매사례는 상속인이 적용할 수도 있지만, 보통 과세관청이 나중에 발견해서 적용하는 경우가 많습니다. 기준시가로 신고된 상속세 사례에 대해 세무조사를 해봤더니 유사매매사례가 발견되는 사례입니다. 실제로 아파트와 같이 동일한 입지의 동일 면적 주택이 몰려 있는 공동주택의 경우 유사매매사례가 가장 잘 발견됩니다.

국세청이 상속세 세무조사로 이런 사례를 발견한다면, 이 가격을 시가에 포함할 수 있는 규정이 있습니다. 상속재산 평가심의위원회를 열어 유사매매사례가액을 시가로 인정받고, 이 가격으로 상속세를 새로 계산해 부과하는 것입니다.

평가심의위원회의 심의신청은 납세자도 할 수 있고, 국세청도 할 수 있습니다. 상속세 신고기한이 지난 후 9개월 사이에 매매 사례가 있는 경우에도 평가심의위의 평가를 받을 수 있다고 합니다.

상속세는 납세자의 신고금액이 아니라 국세청의 결정으로 최종 확정됩니다. 상속세 신고기한이 끝난 후 9개월 내에 발생한 유사 매매사례가액도 상속재산으로 평가될 수 있는 겁니다.

하지만 애초에 평가순위에서 앞서는 감정평가를 받아 상속세를 신고한다면 유사매매사례평가는 받지 않아도 됩니다. 공동주택 을 상속받는다면 이런 사례도 주의해야 하겠습니다.

상속재산을 낮게 평가하기 위해서 무조건 기준시가로 신고하는 것은 오히려 추후 과세관청의 결정이나 세무조사에서 세금추징 으로 이어질 수 있습니다. 부동산 가격의 급등락하는 상황이라면 선순위 시가인 감정평가를 활용해 안정적인 시가로 신고하는 것 이 좀 더 유리할 수 있습니다.

⊘ 알아두면 쓸모 있는 세금 용어, <상속아파트 평가액 산정 순위>

상속일 전 6개월부터 신고일까지 유사한 아파트의 매매사례가액
→ 2. 상속일 전 2년부터상속일 전 6개월까지의 유사한 아파트의
매매사례가액 → 상속일 현재 고시된 공동주택가격
('유사한 아파트'는 '상속 아파트와 같은 공동주택 단지 내 있으면서
주거전용 면적과 공동주택 가격 차이가 5% 이내인 대상')

<상속·증여재산의 시가 적용>

적용 순위	평가액
1순위	해당자산의 매매·감정·수용·경매 또는 공매가액
2순위	유사자산의 매매·감정·수용·경매 또는 공매가액
3순위	기준시가

효자인 장남에게 더 많은 재산을 물려주는 것이 가능할까?

세무대리인은 세금 문제를 해결해 주고 절세를 하게 도와줍니다. 병에 걸리면 치료도 중요하지만, 건강검진과 예방이 우선입니다. 문제가 발생할 조짐이나 가능성이 조금이라도 보이면 세무사와의 상담을 통해서 그런 위험을 빨리 제거합시다. 그래야 적은 비용으로 효율적으로 해결할 수가 있습니다.

세알못 – 올해 80세이고 아들 2명이 있습니다. 재산은 시가 약 10억 원 상당의 부동산과 예금 약 10억 원을 갖고 있습니다. 최근 재산 상속을 두고 고민이 깊어졌습니다. 평소에 효도를 더 많이 하는데 경제 사정은 상대적으로 어려운 장남에게 많은 재산을 물려주고 싶지만, 이 경우 형제간 다툼이 벌어질 것 같아서입니다. 장남에게 더 많은 재산을 물려주는 것이 가능할까요?

택스코디 – 부모가 원하는 대로 자식들에 차등해 재산을 물려주면 되는 것 아니냐고 생각할 수 있습니다. 하지만 민법은 상속인들이 상속재산 중 일부를 받을 수 있도록 보장하고 있으므로 피상속인의 의사대로 상속재산을 차등해서 물려주는 데에는 한계가 있습니다. 이처럼 민법에 따라 상속인들에게 보장되는 최소한의 상속재산을 '유류분'이라고 합니다.

피상속인이 특정 상속인의 유언이 더 많은 재산을 남겨주라는 내용이더라도, 나머지 상속인들이 받아야 할 유류분을 침해하지 않는 범위 내에서만 효력이 있고 그 범위를 넘을 때, 유언은 효력이 없습니다.

민법이 규정하는 유류분을 구체적으로 살펴보면 피상속인의 직계비속과 배우자는 법정상속분의 1/2, 피상속인의 직계존속과 형제자매는 법정상속분의 1/3입니다.

구체적인 액수는 상속 개시 당시 피상속인의 재산가액에 상속 개시 전(피상속인 사망 전)에 이뤄진 증여재산가액을 더하고 채무를 뺀 금액에 유류분 비율을 곱하는 방식으로 산정합니다.

상속인들끼리 유산을 두고 벌이는 법적 다툼은 대부분 유류분 반환청구 소송입니다. 유류분보다 적은 재산을 물려받게 된 상속인이 법정상속분보다 더 많은 재산을 물려받은 상속인을 상대로 유류분 부족액, 즉 유류분과 실제 상속받은 재산의 차이만큼 돌려 달라고 소송을 내는 것이 대부분입니다.

상속인들 사이에 생길 수 있는 법정 분쟁을 방지하려면 특정 상속인에게 더 많은 재산을 물려주더라도 다른 상속인의 유류분은 침해하지 않도록 해야 합니다.

세알못 씨의 경우 채무나 사전증여가 없을 때 상속재산이 총 20억 원이고 상속인들인 형제의 법정상속분은 각각 상속재산의 1/2인 10억 원이다. 유류분은 법정상속분의 1/2인 5억 원입니다. 따라서 세알못 씨는 차남에게 최소 5억 원은 물려줘야 사망 이후 형제간 분쟁을 막을 수 있습니다.

유류분은 당초 특정 상속인이나 제 3자에게 유산이 몰리는 것을 방지해 유족들의 생계를 보호하기 위해 도입됐습니다. 그러나 최근에는 전통적 가족 개념이 바뀌고 있고 피상속인의 재산 처분권을 지나치게 침해한다는 지적이 나오면서 일각에서는 유류분 제도를 폐지해야 한다는 주장도 제기됩니다.

유류분 제도가 정비되기 전까지는 상속인들끼리 분쟁을 방지하기 위해 유류분을 침해하지 않는 선에서 피상속인이 원하는 대로 차등해 물려주는 것이 현실적인 방안입니다.

⊘ 알아두면 쓸모 있는 세금 용어, <유류분 제도>

유류분 제도란 피상속인의 유언에 의한 재산처분을 일정부분 제한 함으로써 상속인 각각에게 상속재산의 일정비율을 확보해주는 제 도입니다.

유류분청구는 상속받을 권리가 있는 상속인이 피상속인의 직계비 속, 배우자, 직계존속, 형제자매일 때만 가능하며, 각각의 유류분 청 구비율은 다음과 같습니다.

- 피상속인의 직계비속: 법정상속분의 1/2
- 피상속인의 배우자: 법정상속분의 1/2
- 피상속인의 직계존속: 법정상속분의 1/3
- 피상속인의 형제자매: 법정상속분의 1/3

유류분청구는 상속개시일, 즉 부모님 사망 당시 부모님 명의 재산 뿐 아니라 사망 전에 증여한 재산에 대해서도 가능합니다. 따라서 부모님 생전에 자식에게 증여한 재산도 나중에 상속이 개시되면 유 류분청구 대상 재산에 포함되며 자세한 내용은 다음과 같습니다.

1. 사전증여 재산의 증여 시기

판례를 보면 제 3자에 대해서는 상속개시 전 1년간 행한 증여만 포 함하지만, 공동상속인에 대해서는 상속개시 전 1년 이전에 행한 증 여도 포함된다고 하여 민법규정을 배제하고 있습니다. 따라서 부모 님 사망 전에 미리 상속된 재산에 대해서도 유류분청구가 가능합니 다.

2. 사전증여 재산의 가액: 상속개시일 현재의 시가

만약 상속개시 전에 증여받은 토지를 매각하여 그 대금을 생활비, 부채상환 등에 사용했다면 토지매각대금에 물가상승률을 적용하여 그 가액을 산정합니다.

유류분청구는 반드시 상속이 개시되어야 할 수 있으며 상속개시를 안 날로부터 1년 내 청구해야 합니다.

다만, 피상속인이 사망할 때는 사전증여 사실을 모르다가 나중에 그 사실을 알게 된 경우는 그 증여 사실을 안 날로부터 1년 이내에 청구할 수 있으며, 이 청구 또한 상속개시일로부터 10년이 지나면 할 수 없습니다.

유산취득세가 도입되면
어떻게 달라질까?

상속세 과세방식이 개정될 예정입니다. 2023년 7월에 발표할 기재부 세제개편안에 유산취득세 내용이 포함될 가능성이 매우 큽니다.

세알못 – 그럼 유산취득세가 도입될 경우 세금이 어떻게 달라지는 가요?

택스코디 – 우리나라의 현행 상속세 과세방식은 '유산세'로 과세하고 있습니다. 돌아가신 분의 전체 상속재산에 대한 세금을 부과하는 방식입니다. 반대로 '유산취득세'는 상속인, 즉 상속받는 개별 재산을 기준으로 상속세를 계산하는 방식입니다. 물론 각자의 과세방식에 따른 장·단점이 존재합니다.

유산세는 전체 상속세에 대해 세금을 계산하고 이후 상속인이 부담하는 방식이다 보니 유산취득세와 단순하게 비교해 보면 더 명확하게 이해할 수 있습니다.

상속재산은 30억 원이고, 상속인은 자녀 2명이라고 가정해 유산세 방식과 유산취득세 방식으로 상속세를 계산해 보면 다음 표와 같습니다.

구분		유산세방식	유산취득세방식	
			자녀 1	자녀 2
상속세 재산가액		30억 원	15억 원	15억 원
상속공제	기초 공제	5억 원 5억 원	2억 원	2억 원
	자녀 공제		5천만 원	5천만 원
	배우자 공제		–	–
과세표준		25억 원	12억 5천만 원	12억 5천만 원
산출세액		8억 4천만 원	3억 4천만 원	3억 4천만 원
합계		8억 4천만 원	6억 8천만 원	
차이		1억 6천만 원		

오히려 유산취득세로 변경하는 경우에는 세금 부담이 늘어나는 경우도 발생할 수 있습니다. 상속재산이 10억 원이고 상속인은 배우자와 자녀 1명이라고 가정해 보면 다음 표와 같이 계산됨

니다.

구분		유산세방식	유산취득세방식	
			배우자	자녀
상속세 재산가액		10억 원	6억 원	4억 원
상속공제	기초 공제	5억 원	2억 원	2억 원
	자녀 공제		–	5천만 원
	배우자 공제	5억 원	5억 원	–
과세표준		–	–	1억 5천만 원
산출세액		–	–	2천만 원
합계		–	2천만 원	
차이		2천만 원		

유산취득세로 개정이 된다고 해서 상속세에 대한 부담액이 엄청나게 줄어드는 구조는 아닙니다. 다만 좀 더 공평과세에 대한 측면에 강화된다고 생각할 수 있죠. 개정안이 나오지 않았기 때문에 절세방안을 지금 논하기에는 어려움이 있을 수 있지만, 시뮬레이션을 해보면 상속인이 많아지고 재산분할이 될 때는 세금이 더 줄어드는 것을 확인할 수 있습니다.

지금 현행 유산세 방식에서도 미리 증여하는 게 유리하다고 익히 알려져 있습니다. (단 상속인의 10년 이내 재산은 합산되고 상속인 외의 자인 며느리, 사위, 손자 등은 5년 이내 재산만 합산됩니다.)

유산취득세로 개정되는 경우에는 상속인이 상속받는 재산가액에 따라 세금 부담이 되므로 사전에 적극적으로 재산을 분할해 이전하는 경우에는 훨씬 많은 세금을 줄일 수 있다고 예상할 수 있습니다. 그래서 기존보다 더 사전승계하고 증여하는 것이 유리합니다.

상속세는 특성상 많은 세무사가 여러 상속을 경험하는 게 쉽지 않습니다. 그 이유는 연간 4,000건 정도만 신고 및 부과하다 보니, 1만5,000명이 넘는 세무사들이 산술적으로 3년~4년에 한 건씩 신고하고 있다고 볼 수 있기 때문입니다. 그래서 전문 세무사를 선정하는 것이 매우 중요합니다. 신고로 종결되는 게 아니라 세무조사에 대한 전략까지 생각해야 하고, 이후 재차 상속, 증여, 양도세까지 고려해서 신고해야 하다 보니 경험이 많은 세무사와 업무를 진행하는 게 매우 중요합니다.

● 알아두면 쓸모 있는 세금 용어, <상속공제: 기초공제, 일괄공제, 배우자공제>

상속이 개시되는 경우 2억 원을 기초공제액으로 공제합니다. 비거주자가 사망한 경우 상속공제는 기초공제 2억 원만 적용합니다.

상속개시일 현재 배우자가 있는 경우 배우자가 실제 상속받은 금액을 최대 30억 원 한도로 공제합니다. 배우자가 실제 상속받은 금액이 없거나 5억 원 미만이면 5억 원을 공제합니다.

그 밖의 인적공제로는 자녀공제, 미성년자공제, 연로자공제, 장애인공제가 있습니다. 피상속인의 자녀에 대해서 1인당 5천만 원씩 공제합니다.

배우자를 제외한 상속인 및 상속개시 당시 피상속인과 동거하던 가족 중 19세 미만인 자에 대해서는 1인당 1천만 원에 19세가 될 때까지의 연수를 곱한 금액을, 65세 이상인 자에 대해서는 1인당 5천만 원을 공제하고, 장애인에 대해서는 1인당 1천만 원에 기대여명 연수를 곱하여 계산한 금액을 공제합니다.

구분	공제요건	공제액
자녀공제	피상속인의 자녀	1인당 5천만 원
미성년자 공제	상속인(배우자 제외) 및 동거가족 중 미성년자	1인당 1천만 원 × 19세가 될 때까지의 연수
연로자 공제	상속인(배우자 제외) 및 동거가족 중 65세 이상인 자	1인당 5천만 원
장애인 공제	상속인(배우자 제외) 및 동거가족 중 장애인	1인당 1천만 원 × 기대여명 연수

세알못 – 동거가족의 범위는요?

택스코디 – 피상속인이 사실상 부양하고 있는 직계존비속(배우자의 직계존속 포함) 및 형제자매를 말합니다.

기초공제 2억 원 및 그 밖의 인적공제를 합한 금액과 5억 원(일괄공제) 중 큰 금액으로 공제받을 수 있습니다.
다만 배우자 단독상속의 경우에는 일괄공제를 받을 수 없습니다.

세무사 사용 메뉴얼

알아두면 쓸모 있는
세무사 사용 메뉴얼,
좋은 세무사 선택과 활용

회계사무실은 가까우면 좋은가?

세알못 – 회계사무실은 무조건 가까운 게 좋은 건가요?

택스코디 - 지금은 디지털 시대입니다. 세금 신고는 인터넷을 통해 전자신고를 합니다. 서식지에 손으로 신고서를 작성해 수기 신고하는 일은 이제 거의 없습니다.

세무 상담 역시 모바일 메신저를 이용한 상담이나 전화통화가 훨씬 빠릅니다. 세무사가 요청한 자료도 메신저나 이메일을 통해서 주고받아도 아무런 문제가 없습니다. 따라서 회계사무실 주변 사람들뿐만 아니라 전국에 있는 모든 의뢰인이 잠재고객인 셈입니다.

세무서 근처에 있는 회계사무실에 맡겨야 한다는 사람도 있습니다. 실제로 세무서 근처에 회계사무실이 많이 있기도 합니다.

세무서 근처에 있으면 세무사나 사무실 직원으로서는 세무서 방문하기가 수월하므로 편한 건 사실이지만, 납세자인 고객으로서는 세무서 주변에 있는 회계사무실이 큰 의미는 없습니다. 단지 회계사무실이 많아서 선택의 폭이 넓다는 장점은 있지만, 결국 자신에게 제대로 된 도움을 줄 세무사는 스스로 직접 찾아야 합니다.

또 회계사무실이 본인 회사와 가까워야 한다고 생각하는 사람들도 있습니다. 회계사무실이 가깝다고 자주 볼 수 있는 것도 아니고, 특별한 세금 문제가 발생하지 않는 한 세무사를 찾지도 않습니다.

결론적으로 회계사무실의 위치는 중요하지 않습니다. 회계사무실 위치가 중요한 게 아니라 세무사가 더 중요한 것입니다. 문제 해결 능력이 있는 세무사이냐 아니냐가 중요한 점입니다.

⊘ 알아두면 쓸모 있는 세금 용어, <기장>

- 기장: 장부를 기록하는 것

사업자는 사업하면서 돈이 들어오고 나가는 것을 기록하는 장부를 써야 합니다. 장부에 기록된 내용을 근거로 소득을 계산해서 세금을 내야 하기 때문입니다. 사업자가 장부를 기록하는 것을 기장(記帳, Book keeping)이라고 합니다. 기록된 장부 자체를 기장이라고 부르기도 합니다.

- 복식부기: 수입과 지출뿐 아니라 그 원인까지 함께 기록하는 방법

장부 작성은 복식부기라는 방식으로 하도록 법으로 정해 놓고 있습니다. 자산과 부채, 자본, 그리고 비용과 수익 등의 흐름을 총합계가 같도록 일치시켜서 정리하는 복잡한 방식입니다.

예를 들어 수입이 생겼다면 돈이 들어왔다는 수입 측면에 대해서만 기록하는 것이 아니라, 돈이 들어와서 현금이 증가하긴 했는데 왜 증가했는지 그 원인도 함께 기록하는 방식입니다. 전문 회계지식 없이는 사용하기 어려운 방식이어서 대부분 사업자가 수수료를 주고서라도 세무대리인의 힘을 빌립니다. 법인사업자와 일정 매출 규모 이상의 개인사업자는 복식부기가 의무입니다.

- 간편장부: 영세 사업자를 위한 간편한 장부 기록 양식

복잡하고 어려운 회계지식이 필요한 일이다 보니 영세 사업자는 복식부기로 장부를 쓰기가 쉽지 않습니다. 세무대리를 위한 수수료조차 부담인 경우들도 있습니다.

그래서 국세청은 소규모 사업자들에게 예외적으로 간편하게 장부를 써서 신고할 수 있도록 새로운 양식을 하나 만들어 제공하고 있는데 그게 바로 간편장부입니다.

간편장부는 복식부기와 달리 매입과 매출거래를 거래처와 일정별로 정리만 하면 됩니다. 양식은 간단하지만 모든 거래를 기록하게 돼 있어서 세금 계산을 위한 장부로서의 신뢰는 보장되는 장점이 있습니다. 물론 복식부기 장부만큼 사업자의 재무현황을 잘 반영하지는 못한다는 단점도 있습니다.

첫 만남에서
호구 잡히지 않는 질문은?

납세자와 세무사의 관계는 의뢰인과 변호인의 관계와는 좀 차이가 있습니다. 변호사는 사건이 종료되면 더는 특별히 만날 일이 없지만, 세무대리인에게 세무관리를 받게 되면 다른 세무사로 바꾸지 않는 한 그 관계는 몇 년이 지나도 계속됩니다. 그래서 처음 세무사를 만났을 때부터 이 세무사가 어떤 사람인가를 파악하는 것도 중요하고, 세무에 대해서 모른다는 인상을 주기보다는 세무 사업에 대해 좀 안다는 인상을 주는 게 좋습니다.

"세금은 모르니깐 세무사님이 무조건 알아서 해주세요."

처음 만났을 때, 이렇게 말하는 건 최악입니다. 물론 모든 세무사가 다 그런 건 아니지만, 당신을 호구로 볼 수 있기 때문입니다.

대신 세무사를 조금 긴장시켜 보는 건 어떨까요. '한 번이라도 세무사와 거래를 해봤다'라는 인상을 주는 식으로 말이죠.

세알못 – 그럼 좀 구체적으로 어떻게 해야 하나요?

택스코디 – 다음과 같이 질문해 봅시다.

• 사무장입니까? 세무사입니까?

회계사무실 구성원은 크게 직원, 사무장, 세무사로 구성되어 있습니다. 사무실마다 조금씩 차이는 있지만, 사무장은 보통 영업을 하거나 사무실 외적인 업무를 주로 담당합니다. 세무사는 실무적인 부분뿐만 아니라 모든 영역에서 총괄적인 책임과 권한을 가지고 있습니다.

첫 만남에서 세무사인지, 사무장인지를 물어보는 자체가 세무사 사무실에 대한 내부적인 조직 구조를 어느 정도 알고 있다는 인상을 줍니다. 이 질문은 사무장을 긴장하게 만들고, 세무사에게는 책임감이 생기게 하는 질문입니다. 이렇게 물어보면 세무 상담을 여러 번 해봤다는 인상을 주므로 좋습니다.

• 기장료·조정료는 어떻게 되나요?

사업자라면 알아두면 좋은 단어가 기장료와 조정료입니다. 세무사에게 매월 지급하는 세무관리비용이 기장료이고, 소득세 또는 법인세 신고 기간에 결산과 세무조정에 대한 비용이 조정료입니다. 기장료와 조정료라는 단어를 사용하면 '이 사람은 과거에 세무사를 이용해 봤다'라는 생각을 하고, 과거 세무사와 비교될 수도 있다는 생각에 좀 더 신경을 쓰게 됩니다. 특히 조정료를 안다는 사실은 사업을 어느 정도 해봤고, 세무사 사무실을 좀 안다는 인상을 줍니다.

• 개업한 지 얼마나 되었나요?

세무사업을 시작한 지 얼마나 되었는지 같은 경력을 물어보면, 그 세무사에 대해 어느 정도 알 수 있습니다. 참고로 세무사 합격 후 경력이 3년이 넘어가면 본인 전문 분야가 최소 1~2개는 생깁니다.

만약 일을 시작한 지 오래되지 않았거나, 혹은 전문 분야 없이 중구난방으로 일한 세무사라면 이 질문에 당황할 수밖에 없습니다.

• 이 업종으로 기장은 해봤나요?

세무사에게 기장은 어려운 게 아닙니다. 한 번도 안 해본 업종이라도 수입과 비용의 기본 포맷은 대부분 비슷하므로 세무적인 특이점만 공부하면 금방 습득할 수 있습니다. 그래도 해 본 업종과 안 해본 업종에 대한 업무처리 능력에는 차이는 존재합니다.

⊘ 알아두면 쓸모 있는 세금 용어, <세무사의 특별한 서비스>

• 기업 (재무) 진단 및 경영컨설팅
건설업 등 법적 의무 때문에 기업진단을 받아야 하는 업종의 경우 기업진단과 경영컨설팅 서비스를 받을 수 있습니다.

• 고용, 산재보험 관련 보험사무대행
원래는 노무법인의 고유업무였으나 요즘은 보험사무대행 인가를 받은 세무사 사무실의 경우에는 고용, 산재보험에 관한 보험사무대행 업무까지 하고 있습니다. 인건비에 대한 원천세 신고 때문에 세무사 사무실에 노무와 관련된 내용의 질문을 평소에도 많이 받습니다.

절세의 선순환이란?

세알못 - 절세는 미리미리 준비하는 것이라고 하는데, 무엇을 미리 준비해야 하나요?

택스코디 - 사전에 무엇을 준비해야 하는지를 알려면 자신이 신고해야 하는 세금이 무엇인지부터 알아야 합니다. 즉 기본적인 세금에 관한 공부를 해야 한다는 것입니다.

세무대리인을 쓰는 거와 별개로 절세를 위해서는 부지런히 배워야 합니다. 그렇다고 세무사 시험을 준비하듯이 세법 공부를 하라는 말은 아닙니다. 본인 사업과 재산에 관련해서 기본적인 세금에 관한 지식은 가지고 있어야 한다는 것입니다.

사업하는 사람은 원천세, 부가가치세, 종합소득세 신고의무가 있다는 사실과 신고 기간, 그리고 세금별 계산법에 대한 지식을 가지고 있어야 합니다. 그 정도만 알고 사업에 집중하면 되고, 나머지는 세무사를 통해 절세에 대한 조언을 얻고 실행에 옮길 수 있습니다. 프리랜서라면 종합소득세 신고 기간과 소득세 계산법 그리고 신고의 중요성 정도만 깨닫고 있어도 충분합니다.

양도소득세나 상속, 증여세도 마찬가지입니다. 세목별 기초개념, 계산법, 신고기한에 대해서 미리 공부하면 절세 준비는 끝난 것입니다.

세무대리인에게 세무 업무에 관한 모든 것을 맡겼다고 부가가치세가 무엇인지, 신고 기간은 언제인지, 소득세 계산은 어떻게 하는지도 모르는 사람이 많습니다. 심지어 사업을 몇 년 동안 했음에도 기초적인 세무에 대해서 모르는 사람도 있습니다.

세무사가 말하는 가장 좋은 의뢰인은 세무사가 요청하는 자료를 최대한 빨리 제공해 업무협조를 잘해주는 사람이라고 합니다. 빠른 협조는 빠른 세무검토를 통해 절세 포인트를 찾을 수 있는 시간을 벌어줍니다. 절세를 위한 또 하나의 전략은 빨리 알아보고 빨리 맡기고 빨리 협조하는 '빨리 전략'입니다. 만약 납세자 스스로 세금에 대한 기초지식이 있어서, 세무사가 자료요청을 하지 않아도, 신고기한 전에 미리 스스로 알아서 챙겨 전달하면 세무사의 반응은 어떨까요? 그 고객을 함부로 하지 못하고 대우가 달라질 것입니다. 물론 세금은 증빙을 준비한 만큼 더 줄어들겠죠. 이게 바로 '절세의 선순환'인 것입니다.

⊘ 알아두면 쓸모 있는 세금 용어, <증빙>

증빙이란 증거를 말합니다. 그러니 증빙 서류란 증거서류를 말하는 것입니다.

대표적인 증빙으로 가게에서 물건을 살 때 받는 영수증, 신용카드 매출전표, 세금계산서 등이 있습니다.

증빙이 필요한 이유는 돈이 실제로 지출되었는가를 확인하기 위해서입니다. 사업에 관련한 모든 거래에 대해서는 항상 증빙을 갖추어야 합니다.

만약 증빙을 갖추지 않았다면 거래 사실을 인정해주지 않게 됩니다. 따라서 사업에 관련한 물품을 구매했는데, 아무런 증빙을 받지 않았다면 당연히 비용처리가 되지 않으므로 사업자의 세금은 올라가는 것입니다.

세무상 비용으로 인정하는 증빙은 크게 두 가지로 나뉩니다. 하나는 적격증빙(법정지출증빙), 다른 하나는 소명용증빙입니다.

이러한 증빙은 신고기한이 지난날부터 5년간 보관하여야 할 의무도 있습니다. (법인세법 제 116조) 지출이 실제로 발생한 시점이 아니라, 신고기한으로부터 5년입니다.

예를 들면, 개인사업자의 경우 2023년 동안 발생한 지출에 대하여 2024년 5월 말일까지 종합소득세 신고를 해야 하므로 2023년 지출된 증빙은 2029년 5월 말일까지 보관해야 할 의무가 있습니다.

왜 세무사마다 상담 답변이 다른가?

세알못 – 국세청 출신 세무사가 더 나은가요?

택스코디 – 세무공무원 생활을 해본 세무사가 있고, 세무공무원 생활을 안 해본 세무사가 있습니다. 세무사 시험 합격자의 80% 정도는 세무서에서 근무해본 적이 없는 일반회사에 다니다가 합격한 순수 시험 출신 세무사입니다.

국세청 출신 세무사가 유리한 분야가 있고, 국세청 출신이든 아니든 무차별한 분야가 있습니다. 지방청 세무조사 업무 정도라면 국세청 조직 시스템을 이해하는 국세청 출신 세무사가 어느 정도 유리할 수 있습니다. 그외 업무의 경우, 즉 일선 세무서 세무조사, 세무기장업무, 상속증여세, 양도소득세 등에서는 큰 차이가 없습니다.

택스코디 – 큰 틀에서는 엇비슷한 답변이지만, 세부적인 부분이나 쟁점 부분에서 견해 차이가 날 수는 있습니다. 왜 답변이 달라지는가는 다음과 같습니다.

1. 세무사가 그 분야 전문가가 아닐 수 있다.

의사도 전공 분야가 따로 있듯이, 세무사도 경력과 실력에서 차이가 있을 수 있으므로 답변이 다를 수 있습니다. 일반적으로 세무사는 전문 분야가 최소 3~5개 정도는 됩니다. 경력이 짧거나 세무사 업무에 신경을 안 쓰는 세무사는 외려 전문 분야라고 말할 수 있는 분야는 없고, 이것저것 다한다고 보면 됩니다.

2. 상담하는 고객이 제한된 정보만 제공하는 경우일 수 있다.

개인 사정을 공개하기 꺼려서 대략적인 정보만 제공하고 상담을 하면 세무사도 상황파악이 잘 안 됩니다. 그래서 답변이 달라질 수 있습니다. 따라서 가능하면 모든 걸 솔직하게 오픈하는 게 좋습니다. 상담하는 고객은 본인 사정이 특별하고 창피하게 느껴

질지 모르겠지만, 수없이 다양한 사람을 상대하는 세무사로서는
그냥 평범한 고객일 뿐입니다.

3. 여러 가지 쟁점이 꼬인 경우일 수 있다.

복잡한 상황이면 세금 문제를 풀어가는 방식이 여러 가지일 수
있어서 다양한 견해가 나오기도 합니다.

**4. 상담료를 지급했는지 여부, 아는 사람 소개로 상담하는지 여부,
세무사의 적극성 여부에 따라서 상담 내용이 달라지기도 한다.**

알아두면 쓸모 있는 세금 용어, <과세기간, 신고·납부 기간>

• 과세: 세무서에서 세금을 매기는 걸 의미한다.

• 과세기간: 소득세, 법인세, 부가가치세 등과 같이 일정 기간 과세표준을 계산하게 되는 시간적 단위를 말한다.
예를 들면 소득세 과세기간은 매년 1월 1일부터 12월 31일까지이고, 부가가치세는 1월 1일부터 6월 30일까지를 1 과세기간, 7월 1일부터 12월 31일까지를 2 과세기간으로 규정하고 있습니다.

• 신고 • 납부 기간: 소득세, 법인세, 부가가치세를 신고하고 납부하는 기간을 말합니다.
예를 들면 소득세는 5월 1일부터 5월 31일까지, 부가가치세는 1월 1일부터 1월 25일까지, 7월 1일부터 7월 25일까지입니다.

세무대리인을 바꿔야 할 시점은 OO이다

전문성, 꼼꼼함, 성실함은 세무대리인이 가져야 할 중요한 덕목입니다. 세법에 관한 전문성을 바탕으로 납세자의 절세를 도와야 하고, 거래처 특이사항을 잘 챙기는 꼼꼼함, 고객에게 한결같은 신뢰를 주는 성실함이 세무사에게는 매우 중요합니다. 그런데 세무기장을 의뢰한 세무대리인이 이런 덕목이 부족하다고 느끼면 고객은 다른 세무사를 찾게 됩니다. 전문성에 관한 판단은 일반인들은 판단하기 쉽지 않죠. 그래서 전문성이 부족하기보다는 꼼꼼하게 챙겨주는 성실한 모습을 보이지 않을 때, 다른 세무사를 알아보게 됩니다.

세알못 - 세무사를 바꾸기가 망설여집니다. 이런저런 불만은 많은데, 다른 세무사로 바꾸기가 어렵네요. 이럴 때는 어떻게 하는 게 좋을까요? 또 세무사를 갈아타는 타이밍은 언제가 적당할까요?

택스코디 - 지인에게 소개받아서 불만은 있지만, 다른 세무사로 바꾸기가 고민된다든지, 현금 매출누락 부분에 대해서 세무사가 많은 걸 알고 있어서 함부로 옮기는 것이 부담스럽다고도 하소연하는 사람도 있습니다.

먼저 세무대리인을 교체할 최적의 타이밍부터 말하자면 개인사업자는 5월 종합소득세 신고가 끝나고, 법인사업자는 3월 법인세 신고를 마무리하고 바꾸는 게 좋습니다. 직전년도 사업에 대한 결산과 세무조정이 끝나서 장부를 넘겨주고 넘겨받기가 좋기 때문입니다. 만약 이때까지도 기다리기 싫어서 빨리 옮기고 싶다면 부가가치세 확정신고는 마치고 옮기는 게 그나마 낫습니다. '다른 세무사로 갈아타야지'라고 마음먹었다면, 먼저 옮길 세무사와 상의해보고 타이밍을 결정하면 좋습니다.

간혹 현금 매출누락으로 세무대리인을 바꾸기가 곤란하다고 하는 사업자도 있습니다. 하지만 현금 매출누락이 많은 걸 알고 있다고 세무사가 그걸 꼬투리 잡기는 힘듭니다. 기장을 하는 거래처가 현금 매출 누락한 것을 알고서도 매출을 축소해서 신고했다면 그 세무사는 세무사 징계양형규정에 따라 수입금액누락, 부실 기장으로 징계 대상이 됩니다. 따라서 세무대리인이 고객의 매출누락을 가지고 협박한다는 것은 쉽지 않습니다. 만약 그런 일이 있다면 한국세무사회에 가서 도움을 구하면 됩니다.

세알못 - 문득 든 생각인데, 세무대리인도 고객을 바꾸고 싶을 때가 있을 것 같습니다. 세무사는 과연 어떤 경우에 고객을 다른 세무사에게 보내고 싶어 하나요?

택스코디 - 자료요청을 하면 오히려 화를 내는 고객도 있다고 합니다. 마감 직전에 자료를 보내주고, 왜 빨리 안되냐고 화를 내기도 한답니다. 또 요청한 자료를 제대로 보내주지 않는 고객도 바꾸고 싶다고 말합니다. 회계사무실에서 요청하는 자료는 대부분 세금을 줄이기 위해서 요청하는 것이지, 세금을 부과하기 위해서 요청하는 자료가 아닙니다. 그러므로 적극적으로 협조해야 합니다.

그리고 전화를 잘 안 받는 고객도 사양한다고 합니다. 세무대리인으로부터 부재중 전화가 와 있다면 나중에 꼭 다시 연락해 줍시다.

마지막으로 수수료를 제때 주지 않는 고객과도 일하기 어렵다고 합니다. 세무기장을 맡으면 매월 기장료를 청구합니다. 그런데 이걸 몇

달째 안 주는 사람도 있다고 합니다. 기본적인 수수료를 안 준다면

어쩔 수 없이 일을 계속하긴 힘들겠죠.

⊘ 알아두면 쓸모 있는 세금 용어, <세무사의 고유한 업무>

1. 납세자의 위임으로 세무에 관한 신고를 위한 기장 업무
2. 조세에 관한 상담 또는 자문, 신고서류의 확인
3. 세무조정계산서 그 밖의 세무 관련 서류의 작성
4. 세무조사의 입회 및 세무조사 또는 처분 등과 관련된 납세자의 의견 진술 대리
5. 납세자를 위한 세무사의 과세정보 요구
6. 위법, 부당한 과세에 대한 불복청구 대리 (과세전적부심사청구, 이의신청, 심사청구 및 심판청구 포함 등)
7. 부동산 가격공시 및 감정평가에 관한 법률에 따른 개별공시지가 및 단독주택가격, 공동주택가격의 공시에 대한 이의신청의 대리
8. 개발부담금에 대한 행정심판청구의 대리
9. 국선세무대리인
10. 이와 유사한 업무

이런 고유업무 중에서 일반인들이 가장 많이 이용하고 있는 서비스는 부가가치세, 소득세, 법인세, 원천세 시고 등 세무 기장서비스와 세금 신고대행 서비스입니다. 그리고 사업을 오래 하다 보면 간혹 세무조사 대행 서비스와 이의신청 등 조세불복 서비스를 이용하기도 합니다.

세무사 사용 메뉴얼

세금에도 골든타임이 있다

한 번 더 말하지만, 세법은 납세자가 생각할 때 불합리한 점도 있습니다. 이런 법 해석에 관해서 세무대리인과 논쟁할 이유는 없습니다. 납세자와 세무사 모두 불합리하다고 생각하지만, 국가 입장에선 합리적일 수도 있습니다. 만약 다수가 생각하기에 불합리한 세법이라면, 하나둘씩 개정될 가능성이 큽니다.

세법은 국민을 위해 만든 법이 아닙니다. 국가 재정수요를 충족시키기 위해 만들어진 법입니다. 다시 말해 국가가 국민을 대상으로 세금을 부과하기 위해 만든 법이고, 국세청은 이런 국가 업무를 수행하는 국가기관이며, 국민은 세법에서 규정한 대로 국가에게 세금을 내야 합니다.

물론 국세청 과세처분이 억울하다고 생각하면, 이의 제기할 수 있습니다. 그게 바로 '조세불복'이라는 것입니다.

조세불복은 과세관청의 위법 부당한 처분을 받거나 필요한 처분을 받지 못하면 납세자가 행할 수 있는 항변입니다. 그러나 이모든 과정은 세법에 따른 후에 행해야 정당한 권리를 누릴 수 있습니다.

세알못 – 과세예고통지 안내문을 받았습니다. 이게 뭔가요?

택스코디 – 부가가치세 신고 안내장, 종합소득세·법인세 신고 안내장은 국세청에서 서비스 차원에서 해주는 배려입니다. 이런 세금은 자진신고해야 하는 세금이므로 납세자가 스스로 알아서 신고·납부해야합니다. 신고안내문을 못 받아서 신고기한 내에 신고하지 못했다고 책임이 사라지거나 가산세가 줄어들지는 않습니다.

자신신고 세금을 신고하지 않을 때는 과세자료 해명안내문 또는 과세예고통지를 받게 됩니다. 이럴 때는 지체하지 말고 세무사를 만나 상담해야 합니다. 해명안내문과 과세예고통지는 납세자의 납세의무에 뭔가 이상이 생겼다는 신호 같은 것입니다. 물론 세무서에서 세금을 매기겠다고 하는 우편물을 받으면 당황스럽고, 피하고 싶은 생각이 들 수도 있습니다. 그럴수록 세무대리인을 만나서 상담해 해결책을 찾아야 합니다.

과세예고통지가 나오면 기한 없이 언제든지 이의를 제기할 수 있는 게 아닙니다. 통지서를 받은 날로부터 30일 이내에 과세전 적부심사를 청구할 수 있습니다. 굳이 적부심까지 가지 않더라도 해결할 수 있는 부분도 있으므로, 먼저 통지서를 받았다면, 세무사와 상의를 통해 적부심을 청구할지 말지부터 여러 가지 대책을 논의할 수 있습니다. 따라서 최대한 빨리 세무대리인을 찾아야 합니다. 30일이 지나면 조세불복이라는 다음 단계를 고려해야 하기 때문입니다.

세금에도 골든타임이 있습니다. 세금이 부과된 뒤에 그 세금에 불만이 있거나 이의가 있을 때는 이의신청, 심사청구, 심판청구 등 불복을 진행할 수 있습니다. 이것도 마찬가지로 90일 이내에 해야 합니다. 바쁘다거나 불안한 마음에 망설이다가 이런 골든타임을 놓칠 수 있습니다. 불복뿐만 아니라 각종 세금의 신고기한과 가산세 감면기한 등 크든 작든 골든타임이 있다는 사실을 잊지 맙시다.

⊘ 알아두면 쓸모있는 세금 용어, <불복청구 절차>

불복청구 절차					
납세자	90일 이내 →	세무서장 또는 지방국세청장 이의신청 30일 이내 결정	90일 이내 →	국세청장 심사청구 30일 이내 결정	90일 이내 →	법원 행정 소송
	90일 이내 →			조세 심판원장 심사청구 30일 이내 결정		
	90일 이내 →			감사원장 감사원심사 청구 3개월 이내 결정		

회계사무실은 널려있다

세금에 대해 궁금한 것이 생겨 회계사무실을 방문하면 세무사를 직접 만나 상담할 수 있는 곳이 있고, 실장이나 사무장 또는 직원과 상담을 하는 곳이 있습니다. 사업소득에 대한 일반적인 기장 상담이나 간단한 신고대행 상담은 실장이나 직원과 상담할 수 있습니다. 그래도 세무사를 직접 만나야겠다고 하면 당연히 세무사와 상담을 하게 해줄 것입니다.

그러나 이런저런 핑계를 대면서 세무사를 볼 수 없는 사무실이 있습니다. 이런 곳은 사무장이나 실장이 명의대여를 통해서 운영되고 있을 확률이 높습니다.

증여세, 상속세, 양도소득세 같은 재산세나 세무조사, 불복 등은 꼭 세무사를 직접 만나 상담해야 합니다. 본인 세금 문제를 세무사가 아닌 사무장이나 직원과 상담한다는 것은 병원에 가서 의사가 아닌 간호조무사에게 진료를 받는 것과 같습니다.

무자격사의 문제점은 무책임함과 서비스의 질적인 부분입니다. 무자격사의 경우에는 세금 신고 시 명의 대여해온 세무사의 이름을 넣고 자신의 이름은 빠집니다. 나중에 문제가 생기면 책임을 회피할 목적으로 심지어 명의를 대여한 세무사 이름도 빼버리는 일도 있습니다.

그들은 세무업계에서 몇 년 동안 일한 자신의 경험치를 바탕으로 일합니다. 따라서 별문제 없이 일 처리가 되는 듯해도 서비스의 질적인 부분을 보장하기 힘듭니다. 그리고 나중에 문제가 생기면 그러한 책임을 납세자에게 떠넘기는 경우도 많아서 주의가 필요합니다.

결국, 모든 세무적인 책임은 의뢰한 납세자가 진다는 사실을 잊어서는 안 됩니다. 첫 상담만큼은 무조건 세무사와 해야 합니다. 무자격사가 운영하는 사무실은 세무사가 없어서 세무사와 상담하고 싶다고 하면 이런저런 핑계를 대거나 결국은 세무사를 보기 어렵습니다.

참고로 세무대리를 할 수 있는 자격사는 세무사, 회계사, 변호사입니다. 회계사와 변호사는 업무 범위가 넓고 다양해서 세무 쪽

세무사 사용 메뉴얼

을 특화해서 하는 사람이 아니면 시중에서 만나기 어렵습니다. 그러나 세무사는 세무라는 분야 자체에만 특성화되어 있어서 가장 신뢰할 만한 서비스를 받을 수 있습니다.

사업을 하다 보면 어떤 세금 문제가 발생할지 모릅니다. 그러므로 사업에 대해서 세무대리인과 상의를 하면서 앞으로 생길지도 모르는 세금 문제를 물어봅시다. 별거 아닌 것처럼 보이는 것도 당당하게 상의합시다. 그게 담당 세무대리인의 일이고, 매월 기장료를 받는 이유입니다.

언제, 어떤 일이든 부담 없이 전화해서 사업에 대해 작은 논의도 할 수 있는 편하고 친절한 세무대리인을 찾아야 합니다. 그런 세무사는 상담이나 대화 몇 번 해보면 편한지 아닌지 답이 나옵니다.

지나치게 친절하기만 해서도 곤란합니다. 짧은 경력과 실력 없음을 친절함으로 포장하는 사례도 있기 때문입니다. 실력이 기본 바탕이 된 친절함이어야 합니다.

"처음에는 친절하게 상담도 잘해주고 살갑게 대하더니 세무기장을 맡기고 난 뒤부터는 얼굴 보기 힘든 것은 둘째 치더라도 자기 사업에 대한 세금 문제에 관심이 없어진 것 같습니다."

"권위의식이 강해 상담할 때 불편해서 질문을 제대로 못 했습니다."

이런 사람들을 만났다면, 즉시 다른 세무사를 찾아봅시다. 세무사는 많고 회계사무실은 널려있습니다.

⊘ 알아두면 쓸모 있는 세금 용어, <세무사의 특별한 서비스>

- 경리 아웃소싱

경리를 담당할 직원을 뽑기에는 회사 경비 측면에서 비효율적인 것 같고, 안 뽑기에는 회사 경리업무 처리가 불편해질 것 같을 때 경리 아웃소싱을 이용하면 됩니다. 최근에는 기장대행을 넘어서 경리 아웃소싱을 대행하는 세무사 사무실이 늘어나는 추세입니다.

- 상권분석 서비스

세무사 사무실에서 상권분석 서비스도 제공합니다. 상권분석 서비스를 제공하는 세무사 사무실은 그렇게 많지는 않습니다. 부동산 양도소득세 신고를 많이 해본 세무사들이 상권분석에 대한 전문성까지 가지고 있을 확률이 높습니다. 상권분석 서비스는 사업을 시작하기 직전에 어느 지역에서 사업을 시작할 것인지 판단할 때 도움이 됩니다.

권말부록,
알아두면 잘난척하기
딱 좋은 세금 잡학사전

한 번에 1,000만 원 넘게 인출 하면 국세청이 다 알게 된다?

은행 등 금융기관은 일정 기준의 금융거래정보를 금융정보분석원(FIU)에 보고할 의무가 있습니다. FIU는 국세청 등 수사기관과 정보를 공유하기 때문에 국세청도 같은 금융거래정보를 알 수 있습니다.

이와 관련해서 많은 사람이 1,000만 원이 넘는 현금 거래가 국세청에 자동으로 통보되는 것으로 알고 있습니다. 하지만 정확한 기준이나 과정을 제대로 이해하는 사람은 많지 않습니다.

세알못 – 건당 1,000만 원인지, 하루에 1,000만 원인지, 또 1,000만 원을 보내고 100만 원을 추가로 보낸 것은 통보가 안 되는가요?

택스코디 – '특정 금융거래 정보의 보고 및 이용 등에 관한 법률'에 따라 2006년부터는 일정금액 이상의 금융기관거래에 대해서는 금융기관이 FIU에 보고할 의무가 생겼습니다.

불법자금 유출이나 자금세탁 등 비정상적인 금융거래를 효율적으로 차단하기 위해 도입됐죠. 도입 당시에는 보고의무 기준이 5,000만 원 이상이었지만, 2008년 3,000만 원 이상, 2010년 2,000만 원 이상으로 기준이 강화됐고, 2019년 7월부터는 1,000만 원 이상으로 보고 대상이 더 확대가 되었습니다.

여기서 '1,000만 원'은 금융기관 거래일 기준으로 하루(1거래일) 동안 발생하는 거래금액을 말합니다. 무조건 1,000만 원이 아니라 실질명의자 1명의 이름으로 된 1개의 은행(지점포함)에서 하루 동안 발생한 현금의 입금별, 또는 출금별 합계액이 1,000만 원이 넘는 경우가 해당합니다. 입금과 출금액은 각각 따로 1,000만 원을 따집니다. 500만 원을 입금하고, 같은 계좌에서 그날 바로 500만 원을 찾았다고 해서 자동으로 보고되지는 않는다는 겁니다.

또한 고액현금거래의 보고는 '현금'을 입금하거나 출금할 때에만 이뤄집니다. 계좌이체를 하거나 수표를 출금하는 경우에는 자

세무사 사용 메뉴얼

동으로 보고되지 않습니다. 계좌이체는 그 자체로 기록이 남고, 수표도 사용할 때 기록이 남기 때문이죠.

고액현금거래 보고는 은행직원의 판단이 개입되는 것이 아니라, 이런 기준에 해당하면 무조건적으로 전산에 따라 자동으로 보고되는 것입니다.

고액현금거래라는 기준금액을 합산할 때 제외되는 금액도 있습니다. 100만 원 이하의 무통장입금 등 원화송금액, 그리고 100만 원 이하에 상당하는 외국통화의 매입이나 매각금액은 자동보고 기준에 합산하지 않습니다. 지로공과금 납부액이나 100만 원 이하의 선불카드거래액도 보고대상에서 제외됩니다.

자동보고기준만 보면 허점도 있어 보입니다. 금액을 쪼개고 계좌를 분산해서 보내거나 찾는 방식을 이용하면 거래 내역을 숨길 수 있을 것 같기 때문입니다. 하지만, 법이 그렇게 허술하지는 않았습니다. 자동으로 보고되는 고액현금거래 기준을 벗어나더라도 FIU에 보고될 수 있습니다.

금융기관 직원이 '의심거래'로 판단한다면 '금액의 제한 없이' FIU에 보고하도록 하는 의무도 있습니다. 법령에서는 '의심거래 보고'라고 합니다.

자동으로 보고되는 것을 회피할 목적으로 금액을 분할해 금융 거래를 하고 있다고 의심되는 경우에는 금융기관이 그 사실을 FIU에 보고하도록 하고 있습니다.

특히 해당 금융거래가 불법재산이나 자금세탁, 공중협박자금조달, 범죄수익은닉 등으로 의심되는 경우에는 지체 없이 의심거래로 FIU에 보고해야 합니다.

금융기관 직원이 의심거래 보고를 하지 않거나 허위보고를 한 경우에는 해당 직원과 금융기관이 징계를 받을 수 있도록 강제하는 규정도 있습니다.

허위보고를 한다면 해당 직원은 1년 이하의 징역 또는 1,000만 원 이하의 벌금을 물어야 하고, 미보고에 대해서는 3,000만 원 이하의 과태료를 물어야 할 수 있습니다. 금융기관이 공모한 사실이 확인된다면 금융기관도 영업정지 처분을 받을 수 있습니다.

고액현금거래 보고와 의심거래 보고는 은행 등 금융기관이 FIU에 하는 보고입니다. 국세청 등 수사기관은 FIU에 보고된 내용을 다시 공유받는 절차를 거쳐야 하죠. 그렇다면 국세청은 어떤 경로로 FIU에 보고된 내용을 확인하고 있는 걸까요. 국세청이 FIU를 통해 정보를 제공받는 방법은 크게 2가지입니다.

하나는 FIU가 자체분석을 해서 국세청에 통보하는 것이고, 다른 하나는 국세청이 직접 FIU에 요청해서 자료를 제공받는 것입니다. FIU가 알아서 주거나 달라고 해서 받는 것 두 가지죠.

금융정보분석원, FIU는 이름 그대로 금융정보를 분석하는 곳입니다. 단순히 금융기관으로부터 거래자료를 보고받기만 하는 것이 아니라 받은 정보를 지속적으로 분석해서 의미가 있는 자료를 만들고 공유하죠.

FIU는 검찰청, 경찰청, 국세청, 관세청, 금융위원회, 중앙선거관리위원회 등 금융거래를 바탕으로 법집행을 하는 기관에서 차출된 사람들로 구성돼 있습니다. 국세청 조사관들이 파견돼 일하면서 국세청에 필요한 자료를 공급하는 구조인 거죠.

FIU는 여러 수사기관 관련 업무를 하지만 그중에서도 조세탈루 혐의 확인을 위한 조사업무, 조세체납자에 대한 징수업무 등에 필요하다고 인정되는 특정금융거래정보를 국세청에 수시로 제공합니다.

금융기관들로부터 받은 고액현금거래와 의심거래를 정리하고 분석해서 국세청이 쓸 만한 자료로 만들어서 공유하는 겁니다.

FIU는 스스로 자료를 제공하는 것 외에 국세청이 요청하는 때에도 자료를 모으고 분석해서 전달합니다. 법에서는 국세청이 조세탈루혐의 확인을 위한 조사업무에 필요하다고 인정되는 정보를 FIU에 요청할 수 있도록 정하고 있습니다.

구체적으로는 매출액이나 재산, 소득 규모에 비춰 현금 거래의 빈도가 높거나 액수가 과다해 조세탈루의 의심이 있는 상황에 해당하는 정보를 요청할 수 있죠.

또 역외탈세의 우려가 있는 거래정보, 그밖에 조세포탈 우려가 있는 경우로서 국세청장이 제시하는 혐의가 있으면 거기에 해당하는 정보를 국세청에 제공해야 합니다.

증여받은 토지로 30억 번 동생에게 유류분청구 가능할까?

세알못 - 아버지는 시골에서 농지를 소유하며 농사를 지었고, 어머니는 저희(아들 둘)를 낳은 후 세상을 떠났고, 아버지는 재혼하지 않았습니다. 형님은 공부를 잘해서 서울에서 대학을 다녔고, 저는 시골에 남아 아버지를 도와 농사를 지었습니다. 형님은 대학 졸업 후 직장을 다니다 "사업을 하겠다"라며 아버지에게 사업자금 지원을 요청했습니다. 이에 아버지는 1989년경 농지의 절반을 팔아 당시 약 1억 원의 현금을 형님에게 증여했습니다.

저 역시 "그에 상응하는 재산을 증여해 달라"고 요청했고, 아버지는 남은 농지 절반을 저에게 증여해 주었습니다. 그런데 형님은 아버지로부터 받은 사업자금을 모두 탕진해 버렸습니다. 분쟁의 발단은 제가 증여받은 농지였습니다. 이 농지를 장기간 보유하고 있었는데, 주변 일대가 개발구역으로 편입되면서 2020년 6월경 수용보상금으로 약 30억 원이 나온 것입니다.

아버지는 2022년 11월경 사망했습니다. 상속개시 시점에 아버지 명의로 된 상속재산과 상속채무가 전혀 없었습니다. 형님은 저에게 유류분반환청구를 할 수 있나요? (형님이 아버지로부터 1989년에 증여받은 현금 1억 원을 상속개시시의 화폐 가치로 환산하면 3억 원입니다).

택스코디 – 피상속인(위 사안에서 아버지)의 증여나 유증으로 인해 자신의 유류분이 침해된 상속인은 부족한 한도 내에서 그 반환을 청구할 수 있습니다(민법 제1115조). 피상속인 직계비속(형님과 동생)의 유류분은 법정상속분의 1/2입니다. 참고로 유류분 산정의 기초가 되는 재산은, [상속개시시에 피상속인이 가진 재산] + [증여재산] – [상속채무]입니다.

여기서 중요한 것은 유류분 산정의 기초가 되는 증여재산의 가액산정 시기가 상속개시 시점이라는 것입니다(대법원 1996. 2. 9. 선고 95다17885 판결). 그렇다면 위 사안에서 유류분 산정의 기초가 되는 재산의 가액은 상속개시시인 2022년을 기준으로 했을 때

총 33억 원이 됩니다(동생이 받은 수용보상금 30억 원 + 형님이 증여받은 현금의 상속개시시 가치 3억 원). 따라서 형님의 유류분 액은 8억 2,500만 원이 됩니다(33억 원 X 1/2 X 1/2). 상속개시를 기준으로 봤을 때, 형님은 이미 부친으로부터 3억 원을 증여받은 셈이 되므로 그 부족분인 5억 2,500만 원에 대하여 동생에게 반환을 청구할 수 있습니다.

이와 같은 결론은 동생 입장에서 대단히 불합리하다고 생각할 수 있을 것입니다. 증여 시점인 1989년을 기준으로 보면 두 형제 모두 동일하게 1억 원 상당의 재산을 증여받았습니다. 상속개시 시점에 동생이 증여받은 농지의 가치가 급격히 상승했다는 이유로 형님에게 유류분반환을 해줘야 한다는 것은 상식적으로 납득이 안 될 수 있습니다.

만약 위 사안에서 1989년에 아버지가 농지를 모두 팔아 두 아들에게 똑같이 현금 1억 원을 증여했다고 가정해 봅시다. 그리고 동생은 그 돈으로 다시 농지를 구입했고, 그 농지가 상속개시 시점에 30억 원이 된 것이라면 어떻게 될까요. 이 경우 동생이 증여받은 재산은 농지가 아니라 현금 1억 원이기 때문에 형님은 동생에게 유류분반환청구를 할 수 없습니다.

만약 동생이 부친으로부터 증여받은 농지를 다시 동생의 자녀나 아내에게 증여했다면 어떻게 될까요? 이 경우에도 아버지가 동생에게 농지를 증여했다는 사실 그 자체는 변함이 없으므로 형님은 동생에게 유류분반환청구를 할 수 있습니다. 그런데 동생이 재산이 없으면 형님이 동생을 상대로 소송을 하는 것은 의미가 없습니다. 그렇다면 이 경우 형님은 동생으로부터 농지를 증여받은 동생의 자녀나 아내를 상대로 유류분반환청구할 수 있을까요.

유류분반환청구는 원칙적으로 유류분을 침해하는 증여 또는 유증을 받은 자를 상대로 하는 것이라서 제3자 (양수인 또는 수증자)를 상대로는 할 수 없습니다. 즉 형님이 동생의 자녀나 아내를 상대로 청구할 수 없는 것입니다. 다만 그 제3자가 양수 또는 증여받을 당시에 유류분 침해사실을 알았던 경우(악의)에 예외적으로 그 제3자를 상대로도 반환청구할 수 있습니다(대법원 2002. 4. 26. 선고 2000다8878 판결).

통상 현금보다 부동산이나 주식의 미래가치가 더 높다는 것을 고려했을 때, 증여의 방식을 고민해볼 필요가 있습니다. 피상속인이 어떤 특정 상속인에게 더 많은 재산이 돌아가기를 원한다면, 부동산이나 주식 그 자체를 증여하기보다는 일단 현금을 증여한 후 그 현금으로 미래가치가 높아질 것으로 예상하는 부동산이나 주식을 구입하게 하는 것이 현명한 방법이 될 수 있습니다. 이렇게 하면 피상속인이 사망한 후에 다른 자녀가 유류분반환청구를 하더라도 증여받은 현금을 기준으로 계산하게 되므로, 상당 부분 방어할 수 있습니다. 최소한으로만 반환을 해줘도 되는 것입니다.

한편 상속세와 관련해서 보자면, 상속개시 당시 상속재산이 없었고 상속개시 10년 이전에 증여가 모두 이뤄졌기 때문에 별도의 상속세는 부과되지 않습니다.

'서학개미' 양도세 피하려면?

매년 5월은 해외 주식에 투자하는 서학개미들이 주목해야 할 세무일정이 있는 달입니다. 지난해 해외 주식 매매로 발생한 수익에 대해 양도소득세를 내야 하기 때문입니다. 해외 주식은 250만 원을 초과하는 수익에 대해 22%의 양도소득세를 부과합니다. 서학개미들은 5월 1일부터 31일까지 국세청에 해외 주식 양도소득세 확정신고를 해야 합니다. 신고·납부하지 않으면 가산세가 부과되므로 유의해야 합니다.

국내주식에 투자할 때는 일반 개인투자자에게 양도소득세가 부과되지 않습니다. 주식을 많이 보유한 대주주만 양도소득세를 냅니다. 종목당 유가증권시장은 지분 1%, 코스닥시장은 2%를 가졌거나 종목당 10억 원어치 이상의 주식을 가진 사람을 대주주라고 봅니다.

반면 해외 주식은 일반 개인투자자도 양도소득세 부과 대상이 됩니다. 전년 1월 1일부터 12월 31일까지 발생한 이익과 손실을 합산한 금액이 과세표준입니다. 과세표준에서 증권사 매매 수수료 등을 제외하고 남은 금액이 250만 원을 넘는다면 초과분에 대해 주민세를 포함해 22%의 양도소득세를 내야 합니다. 예컨대 지난해 해외 주식투자로 1,000만 원의 수익을 올렸다면 250만 원을 제외한 750만 원의 22%인 165만 원을 올해 양도소득세로 내야 합니다.

신고액을 축소하면 10%, 신고하지 않으면 20%의 가산세가 붙습니다. 납부를 지연하면 일별 0.022%의 가산세가 추가됩니다.

해외 주식 양도소득세는 본인이 직접 신고서를 작성해 관할 세무서에 내거나 국세청 홈택스에서 신고하면 됩니다. 이 과정이 번거롭다면 증권사의 대행 서비스를 활용할 수도 있습니다.

서학개미라면 내년에 대비해 미리 해외 주식 절세 방법을 익혀두는 게 좋습니다. 연말에 손실이 난 종목을 매도해 전체 양도차익을 줄이는 방법이 많이 활용됩니다. 예컨대 올해 테슬라 투자로 1,000만 원의 수익을 실현했고, 다른 종목 투자로 500만 원의 손실을 보고 있다면 손실 난 종목을 연말에 잠시 매도하는 것입니다. 1,000만 원 차익에 대한 양도소득세로는 약 165만 원을 내야 하지만 손실 500만 원이 합산되면 55만 원으로 줄기 때문입니다.

증여를 이용하는 방법도 있습니다. 직계존속으로부터 증여받는 경우 10년간 성인은 5,000만 원, 미성년자는 2,000만 원, 배우자는 6억 원까지 증여세 없이 증여받을 수 있다는 점을 활용하는 것입니다. 증여하는 주식의 증여재산가액은 증여일을 기준으로 전후 2개월간의 종가 평균액에 증여일의 기준 환율을 곱해 계산합니다. 이 금액이 증여받는 배우자의 주식취득가액이 되기 때문에 이보다 더 높은 가격으로 매도해 얻은 차익에 대해서만 배우자에게 양도소득세가 부과됩니다.

예를 들어 주당 1만 원에 취득한 주식 5,000주가 현재 주당 10만 원이 됐다고 합시다. 이후 배우자가 5,000주를 그대로 주당 10만 원에 팔면 양도가액과 취득가액이 같아 양도세가 나오지 않습니다. 만약 이를 배우자에게 양도하지 않고 직접 판다면 내야 하는 양도소득세는 9,845만 원입니다. 다른 주식의 양도소득이나 필요경비가 없다고 가정하면 배우자 증여로 1억 원에 가까운 세금을 아낄 수 있는 것입니다.

개인종합자산관리계좌(ISA)를 통해 해외 상장지수펀드(ETF) 등에 투자하는 것도 절세에 유리합니다. ISA는 예·적금, 펀드, ETF, 주식 등 다양한 금융상품에 투자하면 200만 원까지 비과세 혜택을 주는 상품입니다. 다만 최소 3년 이상은 의무적으로 가입해야 비과세 혜택을 누릴 수 있습니다.

소명안내문 받았을 때, 어떻게 해야 하나?

원치 않는 우편물이 도착할 때가 있습니다. 그중 하나가 국세청이나 세무서에서 날아오는 우편물입니다. 국세청 우편물이라 하더라도 단순히 신고안내문이라면 큰 걱정을 할 필요는 없습니다. 그러나 '소명안내문'이라도 받게 되면 누구나 심장박동수가 빨라지고 당황하게 됩니다. 뭘 잘못했기에 국세청에서 소명하라는 우편을 보낸 것일까 하는 걱정부터 앞서기 때문입니다.

세알못 – 소명안내문은 무엇이고, 어떤 경우에 받는지, 또 소명을 어떻게 해야 하나요?

택스코디 – 우선 그 이름이 소명안내문은 아니지만, 부가가치세, 종합소득세, 법인세 등에 대해 신고하지 않았거나 신고기한이 지났지만, 신고기회가 있으니 스스로 신고하라는 '기한 후 신고안내문'을 받을 수 있습니다.

납세자가 신고납부하는 세금인데, 신고하지 않는 경우 국세청이 관리하는 납세자료를 통해 세금을 결정할 수 있습니다.

예컨대 부가가치세는 납세자가 신고하지 않더라도 국세청이 세금계산서 및 신용카드 매출자료를 파악하고 있으니 자료만으로 과세할 수 있고, 종합소득세나 법인세는 부가가치세 신고나 결정된 자료를 토대로 매출을 확인한 후 추계해서 세금을 결정할 수 있습니다.

이렇게 국세청에서 결정할 수 있지만, 국세청이 미처 파악하지 못한 비용 등을 납세자 스스로 반영해 최대한 실제와 가깝게 신고할 수 있도록 기회를 주는 것이 '기한 후 신고'입니다.

그러므로 기한 후 신고안내문을 받으면 추가로 반영할 수 있는 비용을 포함해서 스스로 신고하는 것이 유리합니다. 신고하지 않으면 국세청이 국세청 자료를 근거로 세금을 결정해서 부과합니다.

납세자가 신고한 내용을 분석해서 사실관계를 확인하는 사례도 있습니다. 부가가치세, 종합소득세 및 법인세 등에 대해 비용을 실제로 지출했는지를 확인하는 경우가 대표적입니다.

부가가치세는 세금계산서를 수수한 경우 그 세금계산서의 실질 여부를 소명하라거나 신용카드 매출을 과소신고한 것으로 판단되는 경우 사실관계를 확인하기 위해 소명안내문을 보내기도 합니다.

종합소득세 및 법인세는 각종 공제 및 감면의 신고 적정성과 비용처리 부분에 대한 사실관계를 확인하는 소명안내 사례가 많습니다.

그리고 갑자기 고액의 신용카드 매출이 발생하면 소명안내문보다는 현장확인을 통해 사실관계를 확인하는 때도 있습니다.

그밖에 국세청에서는 국세청에서 관리하는 자료를 토대로 크로스 체크 및 분석을 통해 소명을 요구해 신고 내용의 검증을 할 수 있습니다. 따라서 신고 후에도 추후 소명을 위해 최소한 5년은 그 근거를 보관해야 합니다.

양도소득세는 양도가액에서 취득가액 등을 차감한 양도차익에 대해 과세하는 세금입니다. 따라서 과세관청은 양도가액이 맞는지 금융 증빙을 요구할 수 있고, 취득가액이 맞는지를 확인하기 위해 소명안내문을 보낼 수 있습니다.

또 양도가액에서 차감되는 필요경비가 실제 필요경비에 해당하는 자본적 지출 및 기타 필요경비(공인중개사비 등)에 해당하는지를 확인하기 위해 금융 증빙과 어떤 항목의 지출인지를 확인하는 소명을 요구할 수 있습니다.

그리고 양도세 비과세나 각종 감면 등에 대한 사실관계를 확인하기 위해서도 소명안내문을 보내는 경우가 많습니다. 이때 소명이 제대로 되지 않으면 세금이 부과되기도 하지만, 세무조사로 전환될 수도 있으니 소명을 잘 해야 합니다.

증여세 소명안내문은 신고된 증여가액의 적정성을 확인하는 내용이 많고, 부담부증여일 때 부채 내용이 사실인지를 확인하는 경우가 많습니다.

또한, 증여세는 그 세액을 누가 냈는지를 확인하는 소명 요구가 많은데, 수증인이 아닌 증여인이 낸 사실이 확인되면 추가적인 증여세 부과는 물론 수정신고를 해야 하는 사례도 종종 있습니다. 한마디로 증여세에 대한 증여세가 부과되는 것입니다.

최근에는 부동산 및 주식, 그리고 고액의 전세자금에 대한 자금출처 소명이 늘고 있습니다. 재산취득자금이 국세청에서 파악하고 있는 소득을 초과해 자력으로 취득한 것으로 보기 힘든 경우, 누군가로부터 증여받았거나 사업자의 경우 매출누락 금액으로 취득하지 않았는지를 확인하기 위해 소명을 요구할 수 있는 것입니다.

이때에도 소명이 제대로 되지 않는다면, 개인에 대한 세무조사
는 물론 사업장 조사로 확대될 수 있으니 주의해야 합니다.

상속세도 피상속인의 상속가액의 적정성을 확인하는 내용의 소
명안내문이 많습니다. 또한, 피상속인이 사망하기(상속개시일)
이전에 처분한 자산이 있거나 계좌 입출금 내역이 있는 경우 증
여혐의 및 추정상속자산에 대한 소명 요구를 할 때도 있습니다.

대부분의 소명안내문은 신고를 하고 나서 그 신고한 내용 중에
탈루혐의로 의심되는 부분이 있는 경우 발송됩니다. 과세관청이
그 의심되는 부분을 해소하기 위해 납세자에게 근거 자료를 제출
하고 소명하라고 안내장을 보내는 것입니다.

소명하라는 안내를 했는데, 의심을 해소할 수 있도록 소명하지
않는다면 당초 내야 할 세금에 신고불성실 및 납부불성실가산세
를 더해서 과세하겠다는 과세예고통지를 받을 수 있습니다.

그래서 소명안내문을 받게 되면 어디에서 누가 발송했고, 왜 발
송했는지를 따져보고 차분히 대처하는 것이 가장 중요합니다. 정
확히 어떤 부분을 의심하는지를 확인해서 소명하는 것이 핵심입

니다.

안내문만으로 이해가 되지 않는 부분이 있다면 소명안내문 하단에 담당자와 연락처가 있으니 연락해서 그 내용을 확인하고, 어떤 방식으로 소명해야 하는지를 알아봐도 됩니다. 만약 납세자 본인의 잘못이 명백하다면 수정신고를 해서 가산세라도 줄여야 합니다.

가장 좋은 것은 처음부터 소명안내문을 받지 않도록 정상적으로 신고하는 것이지만, 부득이 소명안내를 받은 때에는 세무대리인의 도움을 받아 체계적으로 소명을 진행하는 것이 좋습니다. 특히 양도, 증여, 상속 등은 정상적인 거래 흐름이 아니라는 의심을 받는 것이므로 처음부터 세무사와 함께 대응하는 것이 좋습니다.